中华复兴之光
神奇建筑之美

# 古街千年风貌

胡元斌 主编

汕頭大學出版社

# 图书在版编目（CIP）数据

古街千年风貌 / 胡元斌主编. -- 汕头：汕头大学
出版社，2016.3（2023.8重印）

（神奇建筑之美）

ISBN 978-7-5658-2453-1

Ⅰ. ①古… Ⅱ. ①胡… Ⅲ. ①城市道路－介绍－中国

Ⅳ. ①K928.5

中国版本图书馆CIP数据核字(2016)第044170号

古街千年风貌　　　　　　　GUJIE QIANNIAN FENGMAO

主　　编：胡元斌
责任编辑：宋倩倩
责任技编：黄东生
封面设计：大华文苑
出版发行：汕头大学出版社
　　　　　广东省汕头市大学路243号汕头大学校园内　邮政编码：515063
电　　话：0754-82904613
印　　刷：三河市嵩川印刷有限公司
开　　本：690mm×960mm　1/16
印　　张：8
字　　数：98千字
版　　次：2016年3月第1版
印　　次：2023年8月第4次印刷
定　　价：39.80元
ISBN 978-7-5658-2453-1

# 前 言

　　党的十八大报告指出："把生态文明建设放在突出地位，融入经济建设、政治建设、文化建设、社会建设各方面和全过程，努力建设美丽中国，实现中华民族永续发展。"

　　可见，美丽中国，是环境之美、时代之美、生活之美、社会之美、百姓之美的总和。生态文明与美丽中国紧密相连，建设美丽中国，其核心就是要按照生态文明要求，通过生态、经济、政治、文化以及社会建设，实现生态良好、经济繁荣、政治和谐以及人民幸福。

　　悠久的中华文明历史，从来就蕴含着深刻的发展智慧，其中一个重要特征就是强调人与自然的和谐统一，就是把我们人类看作自然世界的和谐组成部分。在新的时期，我们提出尊重自然、顺应自然、保护自然，这是对中华文明的大力弘扬，我们要用勤劳智慧的双手建设美丽中国，实现我们民族永续发展的中国梦想。

　　因此，美丽中国不仅表现在江山如此多娇方面，更表现在丰富的大美文化内涵方面。中华大地孕育了中华文化，中华文化是中华大地之魂，二者完美地结合，铸就了真正的美丽中国。中华文化源远流长，滚滚黄河、滔滔长江，是最直接的源头。这两大文化浪涛经过千百年冲刷洗礼和不断交流、融合以及沉淀，最终形成了求同存异、兼收并蓄的最辉煌最灿烂的中华文明。

五千年来，薪火相传，一脉相承，伟大的中华文化是世界上唯一绵延不绝而从没中断的古老文化，并始终充满了生机与活力，其根本的原因在于具有强大的包容性和广博性，并充分展现了顽强的生命力和神奇的文化奇观。中华文化的力量，已经深深熔铸到我们的生命力、创造力和凝聚力中，是我们民族的基因。中华民族的精神，也已深深植根于绵延数千年的优秀文化传统之中，是我们的根和魂。

中国文化博大精深，是中华各族人民五千年来创造、传承下来的物质文明和精神文明的总和，其内容包罗万象，浩若星汉，具有很强文化纵深，蕴含丰富宝藏。传承和弘扬优秀民族文化传统，保护民族文化遗产，建设更加优秀的新的中华文化，这是建设美丽中国的根本。

总之，要建设美丽的中国，实现中华文化伟大复兴，首先要站在传统文化前沿，薪火相传，一脉相承，宏扬和发展五千年来优秀的、光明的、先进的、科学的、文明的和自豪的文化，融合古今中外一切文化精华，构建具有中国特色的现代民族文化，向世界和未来展示中华民族的文化力量、文化价值与文化风采，让美丽中国更加辉煌出彩。

为此，在有关部门和专家指导下，我们收集整理了大量古今资料和最新研究成果，特别编撰了本套大型丛书。主要包括万里锦绣河山、悠久文明历史、独特地域风采、深厚建筑古蕴、名胜古迹奇观、珍贵物宝天华、博大精深汉语、千秋辉煌美术、绝美歌舞戏剧、淳朴民风习俗等，充分显示了美丽中国的中华民族厚重文化底蕴和强大民族凝聚力，具有极强系统性、广博性和规模性。

本套丛书唯美展现，美不胜收，语言通俗，图文并茂，形象直观，古风古雅，具有很强可读性、欣赏性和知识性，能够让广大读者全面感受到美丽中国丰富内涵的方方面面，能够增强民族自尊心和文化自豪感，并能很好继承和弘扬中华文化，创造未来中国特色的先进民族文化，引领中华民族走向伟大复兴，实现建设美丽中国的伟大梦想。

# 目 录

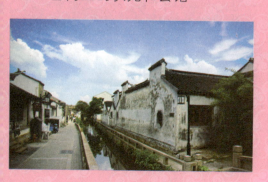

# 拉萨八廓街

　　6世纪中叶，藏王松赞干布为了纪念泥婆罗尺尊公主入藏，下令在卧堂湖修建了大昭寺，并在湖边四周修建了4座宫殿，这4座宫殿就是八廓街的最初原形。

　　大昭寺建成后，吸引了众多朝圣者前来朝拜，久而久之就在大昭寺四周踏出了一条小径，形成了早期的八廓街。

　　八廓街又名八角街，是拉萨著名的转经道中心，是拉萨宗教、文化乃至西藏风土人情的集结地，被藏族同胞称为"圣路"。

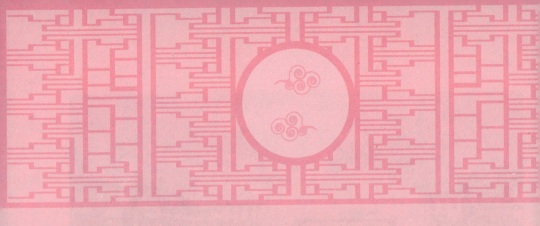

# 八廓街由来与古建筑

6世纪中叶，美丽的泥婆罗尺尊公主远嫁西藏，成为吐蕃赞普松赞干布的第一位妃子。

松赞干布为了纪念她，并感谢她将佛教带入了西藏，就决定修建大昭寺。为了保证工程顺利进展，松赞干布亲自监督工程，他率领王

妃们和各位臣子住到了工程附近涡汤湖。

松赞干布在涡汤湖旁边修建了一幢名为"曲结颇章"的二层小楼，这就是后来赫赫有名的"法王宫"，是一个简朴的行宫。后来，人们在

行宫前开辟了一个小广场，广场中放置着一个白色的香塔，相传是人们为了给财神爷烧香而特建的，祈求能够保佑自己财源滚滚。

后来，人们为了表达对赞普的尊敬，又在涡汤湖的北面、东面、东南和西南修起了四处房舍，供松赞干布和他的臣相、嫔妃们居住。

等到大昭寺建成以后，四方的游僧和八面的信徒便纷纷前来朝拜。于是，在大昭寺周围就建起了18座家族式的建筑，成为这些远道来朝佛或做买卖商人的落脚之地。

其中，有一个三层建筑叫吐巴，是西藏文字的创制者、松赞干布时期吐蕃最有名望的重臣吞弥·桑布扎的府邸。

位于大昭寺的东北部有个木鹿宁巴，也就是旧木鹿寺，吐蕃时期属于藏传佛教宁玛派的五世达赖为了解决来大昭寺事佛的僧人和高僧的住宿问题而建的。

木鹿寺建筑前低后高，寺前部为僧舍，后部为主殿。主殿第一层为经堂和佛殿。经堂面阔9间，进深7间。佛殿为3间，中间佛殿近于正方形，面积近110平方米。

寺院其余三侧则是三层楼高的僧舍，每年藏历十二月二十三至二十九，木鹿寺就会举行盛大的年祭，并跳神舞木如古朵。

木鹿寺有上下两座密院，是吐蕃法王赤热巴巾赞普创建的，赤热巴巾赞普热衷于倡导并发展佛教，是吐蕃时期著名的"三大法王"之一。

木鹿寺内保存有自五世达赖以来的藏文版大藏经《甘珠尔》和《丹珠尔》木刻雕版数万块。此外还有在十三世达赖时期由藏传佛教著名高僧喜绕嘉措大师亲自负责刊印的藏经《甘珠尔》木刻雕版。

传说在藏王朗达玛灭佛之初，有位印度高僧班智达曾在木鹿寺闭关潜修财神法，但是修行了好长时间，却迟迟没有应验。于是，恼怒的班智达就拿起身边的禅枕敲击财神像的腹部，就在这个时候，财神像的腹中竟然流出了金子！

因此，班智达恭敬地重塑了喀萨巴哩财神像。也就是这个原因，主张灭佛的藏王朗达玛封闭了桑耶寺等其他寺院，唯独没有封闭木鹿寺。

位于旧木鹿寺大门西面的色拉达廓，是专供寺庙僧人进出的大门。色拉达廓正对的，是大昭寺中的主佛，也就是释迦牟尼12岁时的等身像，是文成公主入藏时候带来的。

藏传佛教弟子最信仰、最崇拜此像，把它作为最大的精神支柱，称此像为觉沃仁波切。

有一幢涂满了黄色颜料的别致二层小楼是达赖密宫，它并不是寺院，而是六世达赖仓央嘉措的秘宫。六世达赖仓央嘉措不仅是历史上西藏一位杰出的宗教精神领袖，还是一位才华横溢的浪漫主义诗人。

相传，仓央嘉措为寻找至尊救世的度母，跋山涉水走遍了藏区。

有一天，他在一个小酒馆里休息，门外有一个月亮般娇美的少女掀帘窥望，这个少女叫玛吉阿米。

后来仓央嘉措圆寂之后，人们为了纪念他，就将这个小酒馆叫作"玛吉阿米"。玛吉阿米是流传在藏区的一个美丽传说，意为圣洁母亲、纯洁少女，或可引申为美丽的梦。

后来，西藏的达官显贵和文人雅士们经常到这个小酒馆里聚会，

这个小酒馆逐步形成了一个具有魅力的高雅场所。这里是一个集中了家庭气息、艺术品位和藏族风格为一体的休闲场所，四周的墙壁贴满了图片、画作和手工艺品，书架上有中外许多著名作家的原作和汉文版的西藏题材书籍。

几百年后，特别是到了15世纪，大昭寺便成了传播佛教的中心，周围也增加了数量庞大的僧舍、宗教学校和小寺庙之类的建筑。很多虔诚信佛的人干脆背起行囊，不远万里到大昭寺附近定居。

大批人员的入驻，大昭寺周围的服务设施、货摊店堂和手工作坊等开始建立并完善起来，这里进一步发展成了一个集宗教街、观光街、民俗街、文化街、商业街和购物街于一身的街区。

后来，大昭寺宗教地位得到进一步加强。藏传佛教认为，以大昭寺为中心进行顺时针的绕行称为转经。这种转经行动就表示了对供奉在大昭寺内的释迦牟尼佛像的朝拜，于是，大昭寺周围便成为了转经道，这里逐渐成了藏族人们心目中的圣地。

在藏语中"八"意为中，"廓"意为转。按当地的说法，以大昭寺为中心绕一周，称为转经，沿着大昭寺围墙绕一周称小转，藏语叫惹廓；沿着长方形帕廓街绕一周称中转，藏语叫八廓；沿着拉萨旧城绕一周称大转，藏语叫林廓。八廓街即由此得名。

转经道的出现，证实并维护着大昭寺的中心地位，寺内不仅是一座供奉佛像及圣物的殿堂，更是佛教经典中关于宇宙理想模式的现实再现，就是指曼陀罗这一密宗义理。

八廓街在拉萨几乎家喻户晓，无人不知，但是一提到八廓街，人们总会第一时间将之称为八角街。殊不知，八廓街才是八角街的正确称呼。

据说，当时的拉萨，容纳了来自世界各地的人们，尤其是四川人占有很大的比例。在四川方言中，"廓"与"角"的发音很相近，所以，四川人就把八廓街误读成八角街了。

至后来，一传十、十传百，以讹传讹，人们就将"八廓街"叫作"八角街"了，甚至有很大一部人以为叫"八角街"是因为环形街道有8个角呢！

知识点滴

# 八廓街是西藏历史缩影

八廓街经过多少年的不断扩建发展，现在由八廓东街、八廓西街、八廓南街和八廓北街组成，是一个多边形的街道环，周长约1千多米，街内岔道较多，沿途分布有各种各样的古迹。

在转经道的道口上，修建起了一个高高的"觉牙达金"大法轮柱。凡是藏族姑娘年满16岁的时候，就会到"觉牙达金"大桅杆前举行一个庆贺成年的仪式。

转经有着特定的时间，每至傍晚，原本互不相识的人们就会集结在大昭寺，严格地按照顺时针的方向沿着大昭寺周围环形的道路走下去。

大昭寺周围是藏传佛教信徒们转经的最主要的线路，每天都有佛教信徒来到这里。他们到大昭寺来朝拜佛祖，并在光滑发亮的石道上投下一道道长长短短的影子。

在法王宫北面是一座顶部为红色草墙的三层楼房，它是清朝驻藏大臣的衙门。后来从雍正皇帝开始，就派遣驻藏大臣管理西域事宜，直至辛亥革命前，清朝朝廷共派遣了84任驻藏大臣。

在位于转经路的终端有一个小广场叫松曲热，在西藏佛教史上占有重要地位。过去大昭寺举行传召大法会期间，西藏佛教界都要在这里举行盛大的考取拉然巴格西的公开辩经大会。

夏帽嘎布是八廓街著名的老店，由尼泊尔人巴苏然纳创办。夏帽

嘎布意为"白帽子",因为当时的藏族人都不会叫"巴苏然纳"这个名字,看到他头戴尼泊尔白帽在店中忙着照顾生意,所以就亲切地叫他"夏帽嘎布",久而久之,巴苏然纳就将店名改为了"夏帽嘎布"。

夏帽嘎布刚开始做羊毛生意,巴苏然纳从拉萨收集各地产的羊毛,运往尼泊尔交换糖果和布匹等生活物资,最终在拉萨创建了西藏第一家羊毛洗涤厂。除了卖羊毛,巴苏然纳还做清油、酥油等生意,获利很大。

雪域唐卡店是一个集中展示唐卡艺术的地方,主人叫次旦朗杰,是西藏著名的唐卡艺术师。唐卡是一种藏族地区的卷轴画,多画于布或纸上，然后用绸缎缝制装裱，上端横轴有细绳便于悬挂，下轴两端饰有精美轴头，画面上覆有薄丝绢及双条彩带。

涉及佛教的唐卡装裱后，一般会请僧人念经加持，并在背面盖上高僧的金汁或朱砂手印。唐卡的绘制极为复杂，用料极其考究，颜料色泽艳丽，经久不退，具有浓郁的雪域风格。

唐卡在内容上多为西藏宗教、历史、文化艺术和科学技术等，凝聚着藏族人的信仰和智慧，记载着西藏的文明、历史和发展，寄托着藏族人们对佛祖无可比拟的情感和对雪域家乡的无限热爱。

八廓街的外围是相对宽敞的，达官显贵们都将自己的府邸建在八廓街外围。在那个时候，八廓街是拉萨社会生活的一个缩影，包罗万象，无所不有。

在八廓街的街面上到处都是藏式楼房，这些楼房有的白墙红顶，气派宏大；有的披满灰尘，墙体歪斜，简陋残败。

八廓街里既有原来的噶厦政府、地方法庭、监狱等机构，又有后来的商店、摊点、手工作坊。这里有贵族、僧人、学者，

也有木匠、画匠、裁缝等手工艺人。

在小货摊、小帐篷下，是一间间向里伸展进去的小店，在小店里进行着各式各样的交易。

在八廓街的手工作坊里，人们还生产出氆氇、地毯、藏被等生活用品。可以说，八廓街成了西藏商品、物资的集散地，是藏族文化的"百科全书"。

八廓街保留了拉萨古城原有风貌，街道由手工打磨的石块铺成，旁边保留有老式藏房建筑。街心有一个巨型香炉，昼夜烟火弥漫。

街道两侧店铺林立，有百余家手工艺品商店和200多个售货摊点，有铜佛、转经筒、酥油灯、经幡旗、经文、念珠、贡香、松柏枝等宗教用品。有卡垫、氆氇、围裙、皮囊、马具、鼻烟壶、火镰、藏被、藏鞋、藏刀、藏帽、酥油、酥油桶、木碗、青稞酒、甜茶、奶渣、风干肉等生活日用品。还有唐卡绘画、手绢藏毯等手工艺品以及古玩、西藏各地土特产等蕴含民族特色的商品。另外，还有来自印度、尼泊尔、缅甸、克什米尔等地的商品。

街内遗存的名胜古迹众多，有下密院、印经院、席德寺废墟、仓姑尼庵、小清真寺等寺庙和拉康12座。

下密院始建于1433年，距今约570年。系宗喀巴八大弟子中的第七位杰尊·吉饶僧格所创建。下密院主要建筑包括经堂、佛殿、辩经场、印经房等。主殿设在密院中央，坐北朝南，高4层，有房屋70余间。在主殿西边有一辩经场，中为露天场地，周围是回廊建筑，其南与印经房相通。

在这里，早晚信徒都会绕大昭寺按顺时针方向转经，因此这里成为重要的民俗文化景观。在这里，餐饮的主体是藏族风味，饮酒前要敬天、地、神。

这里的餐饮除了主体是藏族风味外，其他饮食种类也很丰富，如广东菜、北方菜、湖南菜等，最多的是四川菜。

千年八廓街融宗教、文化、商业为一体，是我国乃至世界上最具特色和魅力的历史文化街区之一，是西藏从古至今发展的历史缩影。

知识点滴

释迦牟尼的12岁等身像，最初和8岁等身像都供奉在波斯匿王那里，至印度法王达摩波罗时期，秦王苻坚曾送给达摩波罗3件无价之宝，其中一件是无缝的锦衣，并向达摩波罗求取一尊殊胜的释迦牟尼佛像，以弘扬华夏佛法。

达摩波罗为了印中两国的友谊，决定将国宝释迦牟尼12岁等身佛像送往中国。当达摩波罗走进供奉释迦牟尼佛像的神殿时，发现这尊本来朝南而坐的圣像，居然面向东方了。达摩波罗想："原来，佛祖早就心向华夏了。"

于是，达摩波罗建造了一艘又大又结实的船，船身挂满了旗幡彩带，乐工们演奏着美妙音乐，将佛像送往了东方的秦国。苻坚以最隆重的仪式将释迦牟尼的12岁等身神像供奉在了用金子镶嵌的宫殿中央。后来到了唐朝，松赞干布迎娶文成公主，文成公主将释迦牟尼12岁等身像带到了拉萨，并供奉在了小昭寺。

# 昭德古街

　　青州昭德古街，位于山东省青州，全长3000余米。青州名字的由来可以追溯至大禹时代，是我国的"古九州"之一。

　　青州昭德古街一直都是回族的聚居区，并保持着原有的历史格局，街道两旁的老店铺和青砖小瓦，呈现着浓郁的民族特色。

　　昭德街区主要街道包括东门街、昭德街及其两侧街巷，南北相通、东西相连，形成了"连线成片"的古建筑群。明清时期，是山东东部著名的商贸中心和宗教活动中心。

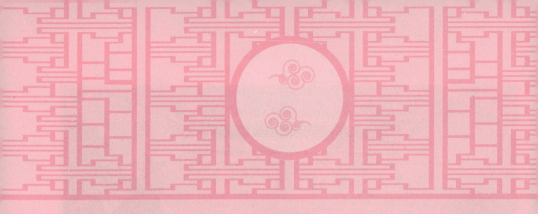

# 风情浓郁的昭德古街

　　唐朝时期，山东青州地区的贸易往来非常频繁，阿拉伯人、波斯人和大食人通过陆地和海上的丝绸之路，不远万里来到青州开展贸易

活动，当地人称之为"蕃客"。

为了方便管理，朝廷就设置了"青州押两蕃使司"，专门负责蕃客的各项事务。

但在当时，蕃客的流动性很大，很少有蕃客在青州定居。自元初开始，众多的穆斯林官员及其眷属迁徙到青州，才逐步形成稳定的回族聚居区。

从此，这里的回族居民世代相袭，同汉族、满族、蒙古等民族的人们共同居住在这片土地上，因街中段曾有昭德阁，所以被人们称为昭德街。

昭德街区的回族居民原汁原味地保留了自己固有的民族文化传统和饮食习惯。

同时，各民族之间相互通婚联姻，文化交流频繁，在汉族文化向少数民族传播的同时，回族和满族的武术、花毽、歌舞和餐饮等一步步融合到了汉族及其他少数民族的生活中。

在当时，青州的南阳城和东阳城之间隔着南阳河，有"中贯阳水，限为二城"的说法，于是人们就"跨水植柱为桥"，建造了一条木制虹桥。

这座虹桥后来经过建议进行了改进，先用巨石固其岸，再取大木巧妙穿插连接，中间不用桥柱，架为很有气势的"飞桥"。

据说，这是我国第一座木结构的独特虹桥，此后，许多地方效仿此桥，木结构虹桥风行一时。

宋朝画家张择端所绘《清明上河图》中虹桥，是以青州南阳河上的虹桥为蓝本的。后来，青州虹桥被石桥所代替，并更名为万年桥。

万年桥往北至镇武庙，便是青州最古老的街道北关街，两旁多为原有建筑，古老的店铺和民房错落有致。店铺前有出檐的梁柱和明代

弯脖斗拱，古老的窗棂和斑驳陆离的木门，显出街道的古老和沧桑。

在昭德街还曾经出现过许多光照千秋、彪炳史册的历史人物。

王曾是我国北宋时期著名的三元状元。相传，王曾的父亲不懂文墨，但注重儒道，曾梦见孔子托梦，说他自己将投生其家。

果然，不久家中就喜得一子，因此取名王曾。宋真宗年间，王曾连中三元，大魁天下。后官至宰相，被宋真宗封为沂国公。

王曾升官后，把自家的住宅建在了东关粮食市街，是当时最高、最大、最宏伟壮观的宰相府，被称为青州第一名宅。

然而，随着时间的推移，宅子年久失修，渐渐沦为废墟。青州知府曾立石碑于粮食市街王曾家宅门前，碑写道："宋宰相王文正公故宅"，给青州人留下了深刻的印象。

真教寺是青州伊斯兰教寺庙中最大、最古老的一个。

据寺内保存的碑记记载，真教寺是由元朝伯颜丞相的后裔在1302年修建的，并被封为官寺。之后经过历代的修葺，逐渐发展成为一组规模宏大、结构紧凑的古建筑，是伊斯兰信教信众集结礼拜的重要场所。

真教寺建筑宏伟，工艺精湛。全寺总占地面积约为6000平方米，建筑面积为1300多平方米。真教寺坐西朝东，由低至高，拾级而上。

主体建筑分为大门、二门、礼拜殿和望月楼，它们整齐地排列在一条东西中轴线上，左右相互对称，为三进院落，将我国宫殿式的建筑特征凸显得特别明显，同时还体现了阿拉伯建筑的艺术特色。院内古柏苍翠、银杏参天，幽深肃穆。

大门楼高10米左右，建筑面积36平方米，两边有八字墙，两个门，门面通宽30米左右，采用单檐歇山式砖石结构，十分壮观。

门洞为拱券式，外部仿制木结构，檐下有斗拱、垂珠、挂砖等，都是精美的砖雕。

门楼上呈现的龙凤等吉祥之物的砖雕，形体全用花卉图案凑成，一直都有"似兽非兽、有眼无珠、远看是兽，近看是花"的说法，横枋上镶嵌有砖雕伊斯兰教焚香用的炉瓶及经卷等图案。

大门正面匾额是石刻"真教寺"字样，背面横额砖雕音译过来的阿拉伯文"麦斯吉德"，意为"礼拜真主的地方"，俗称"主的天房"。

二门采用单檐硬山式建筑，面阔3间，建筑面积45平方米。中柱直径0.5米，6扇朱漆大门，檐头雕刻伊斯兰教经文和图案，工艺十分精湛。

二门后是一座碑亭，宽3米，高4米，砖石结构，顶覆琉璃瓦，碑的两面分别镌刻明朝皇帝朱元璋御制《至圣百字赞》和"圣谕"。

《至圣百字赞》的碑文是：

乾坤初始，天籍注名。传教大圣，降生西域。授受天经，三十部册，普化众生。亿兆君师，万圣领袖。协助天运，保庇国民，五时祈佑，默祝太平。存心真主，加至穷民，拯救患难，洞澈幽冥。仁覆天下，道冠古今。教名清真，穆罕默德，至贵圣人。

朱元璋一共用了100个字来介绍伊斯兰教的基本教义，并赞颂穆罕默德圣人。

他之所以对伊斯兰教这么尊崇有加，是因为当时的开国功臣有很多都是回族的将军。像常遇春、胡大海、沐英、兰玉、丁德兴等，他们都为明朝的建立立下了汗马功劳。

皇帝写百字赞，一是为了加强与他们的联系，沟通感情；二是尊重他们的信仰。

3扇大门上都悬挂有匾额，正中是明成化年间丙戌科进士刘瓒的题字"开天正教"；右为清代镇守山东登州等地的提督密勇巴图鲁马建纪的题字"默德真传"；左为清康熙年间的掌教赵璜、张养心和刘翰美的题字"瞻天仰圣"。

大殿也叫礼拜殿，是全寺的主体建筑，建筑面积有600多平方米，能同时容纳七八百人礼拜，由前殿、中殿和望月楼3个相连的部分组成。周围有36根立柱，立柱下有石鼓承托重量。

前殿面阔5间，进深5间，中殿面阔5间，进深两间。整个大殿平面呈现出一个明显的"凸"字。

在百姓中还流传着一种说法，人们认为"米海拉布"，也就是壁龛为"主"字的一点，望月楼为"主"字的上横，中殿为"主"的中横，前殿为"主"字的下横，进殿礼拜的主道为"主"字的竖笔，整个殿身平面形成"主"字，印证礼拜殿是"主的天房"的意思。

在真教寺大礼拜殿的正门北侧墙上，挂着一块写满了时间的小木板，上面记录着教众一天5次礼拜的时间。

望月楼与中殿相连，建筑面积约为173平方米，是穆斯林举行斋月和登高望月的地方，并以看见新月为入斋和出斋的标准。

按照教规，当穆斯林到真教寺礼拜之前，宣礼员必须登临此塔向四方召唤，人们才可前来进行礼拜。

望月楼正脊高大雄伟，花纹精致，屋脊施吻兽，挑角垂风铃，博缝下悬垂鱼，小红山深进，是宋元时期典型的建筑形式。

南北讲堂又称南北配殿，坐落在二门大殿前的两侧，各面阔5间，建筑面积均为140平方米，是开学阿訇给海里凡讲经的地方。

沐浴室又称水房，是伊斯兰教寺普遍存在的一个建筑物。因为在古兰经中曾这样描述"真主是喜爱洁净的人"，因而人们在礼拜和进行宗教仪式之前必须沐浴。

敬义堂在北角门内，是乡老议事、管账人收寺院地租和信教群众纳乜贴的地方。

位于昭德街区西部还有一座清真寺，据记载，当时青州城里的穆民每次礼拜，都必须出城去东关真教寺。而青州气候湿润，经常有雨雪天气，道途泥泞，出行非常不便，于是就在1546年由国子监司业马之骥主持修建大殿，西墙有宁阳王朱载序题"清真古教"石刻。

之后，在宁阳王朱载坾的主持下又建造了大门、仪门和影壁，大门上还有当时知府张莲登题写的"清真寺"门额，门两侧有八字墙，角门、大门、仪门之间为院。仪门内南为赞育堂，北为翼真堂。

大殿前两侧有讲堂。北讲堂是后人丁殿祥所建，南讲堂为穆民集资所建。

大殿前殿5间，中殿3间、后殿3间，上层为望月楼。大殿南侧有三畏轩，轩前南路通西大门，教民平时上寺历来多走西门。西南为水房，再南为女寺，东南为学校，北侧有经纶堂。

清真寺占地面积约8亩，建筑总面积1467平方米，都为明代宫殿式建筑风格。清康熙年间，重建大门、仪门、影壁，大门两侧有八字墙，

角门、大门、仪门之间为院。仪门内南为赞育堂，北为翼真堂。在光绪年间，敦复会曾主持维修过，后为知名阿訇王静斋曾在此译经。

知识点滴

相传王曾中了状元之后，有一次回家乡青州去省亲。府官听说王曾回家，就命令老百姓吹奏着乐器到城外迎接。

王曾听到这个消息之后就换了衣服，骑着小驴子从别的城门进城，很快就去拜见府官。

府官看到他吃惊地说："听说您来，我已派人出城迎候，守门官还没来报告，您怎么就到这里了？"

王曾回答说："我侥幸得了个状元，怎么敢惊动大人和父老前来欢迎？您这样做是增加我的过失，所以，我改换姓名，瞒过欢迎的人群和守门官直接来拜见您。"

府官不由赞叹：您称得上是个真正的状元公啊！"

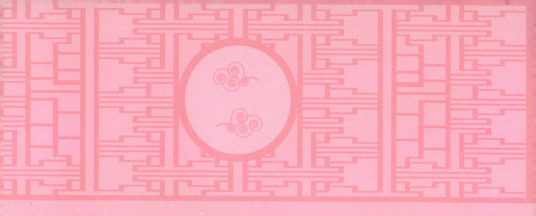

# 古街上的状元和会馆

　　明朝之后，昭德街内接连出了几位状元，均为治世之能臣，英勇之武将。

　　1598年，出了状元赵秉忠。赵秉忠自幼勤奋好学，少负奇才。殿试时，赵秉忠用中肯的语言，深入浅出地分析了当时的社会矛盾，并针对时弊提出了一系列改革建议，反映了他治国安邦的雄才大略。

　　1623年，赵秉忠因不满魏忠贤弄权，愤然辞官归乡。1625年又被魏忠贤削籍为民，第二年愤懑气郁而死。

　　崇祯皇帝即位之后，

着手铲除魏党，赵秉忠得以官复原职，并追赠加太子太保衔，按大臣之礼厚葬。

赵秉忠贵为尚书，可正史中却没有他的传记，但是在明朝，有他的殿试状元卷被完好地保存下来，而且，他的状元卷也是我国科举制度1300余年唯一得以保全的原件。

丁殿祥是清朝嘉庆年间甲戌科的武进士，参加殿试之后被钦点为武状元，当时年仅27岁。1830年病逝于广西，诰封武功将军。

丁殿祥府邸的大门坐西朝东，大门匾额上镌刻着嘉庆皇帝御赐的蓝底金字"钦定武状元府"6个大字。大门外两旁各有一座青石砌成的旗杆垛子，旁边还有上马石、下马石和拴马桩。

高大的门楼内两扇黑色的油漆大门，门上有两个虎头大门环。门口阔大能进花轿，门槛高半米。

走进大门青砖铺地肃静典雅，南拐进二门为第一个四合院，北厅3间为主房，砖木结构、四梁八柱，木制窗棂，雕工细刻，非常讲究。

状元府内还有四门三院，全部采用了青砖小瓦、四梁八柱的建筑格局，其中西院内有南北两座楼房，气派又不失特色。

或许是想借借这几位状元的光环，之后历代的许多达官贵人和政客显要都选择居住在昭德街区。

明清时期，昭德古街商贾云集，繁荣昌盛，是青州直通临沂和江苏等地的唯一官道，是古青州最为繁华的一个地段，也是周围商品的集散地，每年前来的宾朋客商络绎不绝，形成会馆林立的状况，"山西会馆"就是那时所建的。

山西会馆占地2万平方米左右，围墙高两米，大门坐北朝南，门内有高大的影壁，左右两侧各有一石鼓，穿过影壁，是东西两间厢房，内塑有雄健马夫，各牵一匹泥马。

中门过后是一排戏楼，戏楼北面有一正殿，殿中泥塑关羽夜读春秋坐像。整个院内古柏参天。

经过明清两朝政府的大力扶持，昭德古街发展成商号云集的老街，其中不乏老字号。例如"隆盛号""公义和""泰盛和"等上百家

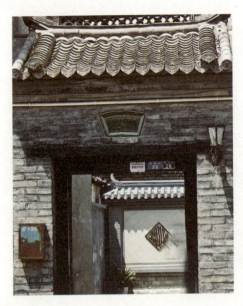

老字号都延续了下来。

后来，以昭德街为中心，先后建了棋盘街、北门街、北关街等，这些街道首尾相连，一起构成了昭德街区的主要街道。

街道绵延5千米，被称为"十里古街"，形成了一组"连线成片"的特色建筑群。这些古街道建筑青砖灰瓦、红栏白墙、青石铺地，散发着浓浓的古风雅韵。

**知识点滴**

相传丁殿祥进京赶考时，住在一家客栈里。每天到教场练习武功，准备应试。山西的一员武将见他十八般武器件件精通，招式神妙，就暗自惊奇，认为这次"夺魁"的最大对手就是丁殿祥，于是耿耿于怀。

一天早上，武将溜进丁殿祥的寝舍，见殿祥正在洗脸，就趁其不备，猛击一掌向丁殿祥的右肩打去。

丁殿祥从铜镜中见到背后闪进一人，立即警觉地伸出右手握住向他袭来的手臂，趁势一个单背，将对手摔倒在地。他正色问："老兄，你意欲如何？"

武将答道："闹着玩，试试老弟的功夫！"说时，自觉有愧，连连抱拳道歉。

# 苏州平江路

  2500多年来，苏州古城的城址一直未变，格局尚存，是我国古代城垣的一个活标本。而平江路则是苏州的一条历史老街，位于苏州古城的东北隅，全长1.6千米。

  平江路是一条沿河的小路，因在宋元时期苏州又名平江，故命名为平江路。这里的河路都不宽，在河上行驶的是摇橹船，路上仅可通一辆车而已，故有"水陆并行，河街相邻"的说法。平江路也是苏州古城保存最为完整的一个区域，堪称古城缩影。

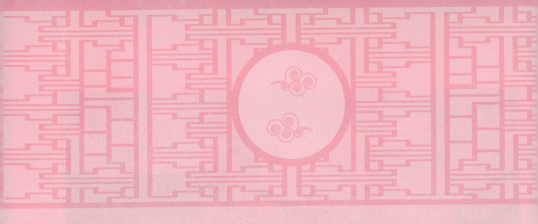

# 始建于宋代的平江古桥

南宋绍定二年，也就是1229年，由碑刻家李寿明刻绘的《平江图》，是苏州最为古老的一幅城市地图，其中就有平江路这条街道。

平江路因苏州又名平江而得名，是当时苏州东半城的主干道。

平江路在原有的基础上保留了它河路并行的格局以及肌理和长度，小桥流水、粉墙黛瓦、房屋的体量、街道的宽度和河道比例恰当，显示出疏朗淡雅的风格。

因此，平江路一直被人们称为最有水城原味的一处街区，和只有一巷之隔的观前街相比，独特的清静古朴气息和咫尺外的鼎沸喧哗迥然为两个世界。

平江路的路是一条青石板铺就的古老道路，平直通达，中无杂树，左右穿插精致的水巷，阡陌交通，其中很少有商业店铺，往来的人也很少，仍然保持着多年前的娴静与恬淡。

平江河的水呈现出一种碧玉般的绿，似乎还平添了一丝丝娴静的味道。平江路上的石桥很精致，虽然可以通车，但是却很隐蔽。有时一路走过，都未必可以发现脚下流淌过的涓涓细流。

拱桥通常坐落在平江路边的水巷上，一拱似虹。在这里，船和桥不仅是人们看风景的工具，而且是组成风景的鲜活器官，也正是有了船和桥的存在，才使得条条水巷构成了一个有机的整体。

在平江历史街区的主河道上共有18座桥，绝大多数为梁桥，仅胡相思桥为拱桥。

有些梁桥原本是拱桥，后来因需要而改建，大部分已经改成钢筋混凝土梁式结构。这些桥大部分都保留了原有的名称，并保存着宋代的墩台结构和武康石构件，十分难得。

相传，岳飞曾多次在太湖附近剿匪，战果颇丰，后奉诏回京时，在平江府的马交桥附近遇到了皇帝派来的钦差，要将岳飞捉拿回临安。

当时，在岳飞身边有两员大将，一个是张保，号称马前张保，另一个是王横，号称马后王横。王横从马后走上前去阻止，却被当时朝廷派来的钦差喝令乱刀斩于桥上，血溅当场。

后来，岳飞在风波亭遇害，苏州百姓思念忠臣，就来到马交桥，想起当日岳飞曾在这里经过，又看到石头上的斑驳血迹，就将石块珍

藏了起来。

宋孝宗时期，岳飞冤案得以昭雪，平江府百姓就将那块石头凿成一尊石像，并在王横殉难的桥上修建了一座小庙，将石像供奉起来。

由于马交桥上的马荛草沾染上了王横的鲜血，朱红一片，所以，人们就将桥叫作"朱马荛桥"，后来才改为"朱马交桥"。朱马交桥为花岗石梁桥，桥面以6条石梁并列而成，桥长6米，宽4米，高2米。

唐家桥是平江路上一座跨河的梁式石桥，桥上有一圆一方两个桥孔，与胡相思桥互为犄角。唐家桥也可以在宋《平江图》中找到踪迹，桥长4.4米，宽3.5米，跨2.7米，高1.9米。

桥面为6条石梁并列而成，其中2条为武康石，4条为花岗石。桥台两边立武康石条柱，中间横叠花岗石条。

胡相思桥是平江河古桥中最能诱发人想象力的一座桥，也是平江历史街区唯一的拱式单孔石桥。宋《平江图》有所绘制，不过当时名

为"胡厢使桥"，厢使据记载是宋代设置的一种官职，负责处理治安和民间纠纷。至于什么时候开始转化为胡相思桥，就不得而知了。

胡相思桥全长14米，净跨4.1米，中宽3.2米，高2.9米。桥的拱券采用纵联分节并列式砌置，又称"连锁法"，苏州清代的石拱桥大多数都是采用的这种方法。

条石栏板南北两侧都镌刻有"重建胡相思桥"6个字，桥孔两旁的明柱上则镌刻有"乾隆九年署元和县正堂加六级张曰谋重建"等字。

胡相思桥的桥面中心石板上浮雕着轮回纹，意在宣扬佛教"生死六道轮回"的观念，劝诫人们及时行善积德。桥孔拱券的外沿还有一圈凸起的拱眉石，增强了桥的立体感。

胡相思桥是一座典型的清代花岗石拱桥，但金刚石墙体上夹杂的青石和武康石却有着悠久的历史记录，在桥南侧的金刚石墙上有一方

"桥神土地"刻石。根据清朝所著的《吴门表隐》记载：

> 崇正宫桥南埝塑桥神、喜神、宅神、井神、灶神、厕
> 神，皆出名手，肖像如生。

说明以前在民间一直都有祭祀桥神的习俗，胡相思桥上的"桥神土地"已是罕见的遗迹了。

苏军桥又称苏锦桥，俗称青石桥，是座单跨石梁桥，东接卫道观，西接南石子街。宋代《平江图》上有绘制，从桥身上叠砌的武康石、青石和花岗石三种石料可以得知这座桥拥有着悠久的历史。

苏军桥桥长7.5米，跨2.5米，宽2.6米，高2米。栏杆为花岗石材质，桥面由5条花岗石梁并列而成，桥西南北两侧有一宽一窄的河埠。北河埠已被后来修筑的河岸石栏拦断废弃，南河埠仍然可以拾级而下。桥东北有一幢古色古香的临河小楼，与古桥相映成趣。

苏军桥再往北百余米，一座与平江路和平江河并行的石梁小桥叫作小新桥，与被称为大新桥的众安桥呈犄角之势，形成"双桥"和"三步两桥"的格局。

小新桥又名新桥，在宋《平江图》上称为北张家桥，清同治《苏州府志》中改名为新桥。通利桥距离小新桥不到百米，单跨石梁的通利桥与朱马交桥相衔而成"双桥"格局，曾于1814年进行过修葺。

通利桥桥长6.4米，跨 2.8

米，宽3.5米，高2.4米。桥身主要以花岗石构筑，桥面由6条并列石梁组成，其中2条为宽约0.4米武康石，为宋代遗物。桥台立有石排柱，桥栏为简洁的通长条石构筑。通利桥两边的桥台并不相等，西桥台有长长的缓坡引桥，有一种不对称的美感。

通利桥所在的地段，既是两条河道的汇流处，也是两座桥的直角相连处，所以就将通利桥的西引桥延长，在桥畔形成一个河湾，供往来的船只停泊、转弯和掉头。

相传在通利桥的桥孔中原有一段宋代的题记刻石，镌刻着：

星桥、朱马茭桥，年深坍坏，蒙运判府郑侍郎助钱三千贯，提举宝章判部赵郎中助钱二千贯，长洲判县龚郎中助钱一千五百贯，并系十七界会重行展阔建造。劝缘崇禧、上官古史、干缘碧云庵僧守常，淳祐十年十一月朔题。

由此可以得知，古代造桥修路的事宜大多都是由僧人发起和主持的，费用来自官员、士绅和商民百姓的捐助。

积庆桥跨平江河，桥名与宋《平江图》一致，俗称吉庆桥。积庆桥桥宽7.1米，长6.9米，单孔，跨度5.3米。

雪糕桥在宋代《平江图》中也有绘制。相传，有一位书生家住桥西肖家巷，非常孝顺，但生活非常困窘。一年冬天，大雪飞扬，病重中的母亲呓语要吃糕。但是，恰逢家中断粮，哪里还有粮食为母亲做糕呢？不得已，书生只好含泪把雪捏成糕状拿给老母看，聊以安慰。

谁知，当雪糕送到母亲面前时，竟然真的变成了一块热气腾腾、香味诱人的米糕，人们都说这是观音菩萨显灵的结果，桥上也凭空多出个观音堂来。书生故去后，乡邻凑钱将他安葬在了桥的附近，这座小桥也就称为雪糕桥。

雪糕桥桥长5.8米，跨3.6米，宽3米，高2米。桥面以5条花岗石梁并列而成，其下长系石上留有搁置托木的凹槽。桥台由4根条石组成排

柱，青石与花岗石混杂在一起。桥面上原先建有一座观音堂，俗称桥
驮庙。

思婆桥是一座单跨石梁的东西向古桥，在宋代《平江图》上已有
此桥，名为寺东桥，因桥西有唐代古刹资寿寺而得名。

思婆桥据说是因为资寿寺是座庵堂，每天都会有尼姑从这座桥上
经过，尼姑俗称"师婆"，属于"三姑六婆"之一，所以这桥早先也
就叫作师婆桥，后来讹传为思婆桥。

思婆桥桥长11.2米，跨4.4米，宽3米，高2.9米。桥面以4条宽0.5
米的花岗石梁并列而成，桥栏是高约0.4米的不加雕饰的长条花岗石，
可供过桥人坐在桥顶上休息赏景，东西两坡各有10级石阶。

石栏外侧横刻着楷体大字"重修思婆桥"，桥台南侧石柱上刻有
"嘉庆乙丑四月"等字，北侧石柱上刻有"里人"等字，都是在1805
年重修时留下的。

思婆桥历史悠久，曾进行过多次修葺，桥身还保留着许多比花岗

石更早用于造桥的武康石和青石。尤其是主要结构桥台的排柱以及两头雕有灵芝和宝莲的长系石都为武康石，从材质、结构和雕刻看应是宋代遗物，证明思婆桥至少有七八百年的历史了。桥西北金刚墙上还嵌有青石碑一通，字迹已经漫漶不清。

寿安桥在思婆桥北面三四十米处，是座单跨石梁桥，在宋代《平江图》中称寺后桥，因为桥位于资寿寺的后方。清初称资福桥，同治时改名寿安桥。

寿安桥桥长4.4米，宽4米，高2.3米，跨3.8米。桥面主要由6条石梁并列而成，南侧边梁及北侧第二根梁为武康石梁，其余的4条为花岗石梁，呈现深浅不一的色彩。

东西桥台排柱各由5条武康石组成，镌有"癸亥""拾两"等捐银题字，为宋代建构。寿安桥的石梁保存明以前古制，略有拱势，即下部平直，上部两端稍低，当中微隆，远远望去，造型十分流畅。

这些桥大多跨水架桥，意境非常优美，桥上雕琢装饰千姿百态，

也是体现我国审美观的一种民族传统。桥的建筑不论大小，工艺都精益求精，如同一幅图画，不许有一处败笔，虽历经百年，却依然焕发着惊人的魅力。

知识点滴

　　明朝年间，平江河西面住着一户胡姓人家，是苏州城有名的大户人家。胡老爷的女儿胡小姐喜欢上了隔河相望的书生，古代讲究门当户对，胡老爷看书生一脸穷酸相，十分反对，并将小姐锁在厢房中，私自给小姐定下了一门亲事。

　　出嫁这天，胡小姐装扮妥当，只是满脸泪痕，走到花轿门口，突然跑到平江江畔，望着书生家一头栽进了河水中，胡夫人见状，忙去抓女儿的手，一个踉跄也消失在了河水中。

　　隔岸的书生见心爱的人投河而亡，也一头扎进了滔滔的河水中。胡老爷看见因自己所谓的门当户对而落个家破人亡的下场，思量万千的他，拿出自己的家财在胡小姐和书生投水的地方修了一座石桥，取名为胡相思桥。

# 依河而建的市巷旧貌

在平江路两边，鳞次栉比地保留着许多规模宏大、结构规整的传统民居建筑，它们布局轴线清晰、层层递进、装饰古朴典雅、工艺精致，反映了江南民居的文化特色。

在平江路，有一个特别的存在，那就是一个像条船一样的房子，叫作"船屋"。船屋面积约有 700多平方米，建于清朝嘉庆年间，仍完好地保存着雕花门窗和木质地板，十分珍贵。

礼耕堂潘宅是苏州古城内留存不多的清前期建筑，为徽商潘麟兆家族所有。礼耕堂潘宅坐北朝南，以封闭式的院落为单位，一共五落六进，建筑面积6700多平方米，建有门厅、大厅及三进楼厅。

建筑群以大厅为中线，但略略偏重于东侧，全部为粉墙黛瓦，以白灰两色为主色基调，屋宇都为木梁架结构，高大敞亮，峻严大气。

轿厅，是旧时用来停放轿子或轿夫、船工休息的地方，后有石库门可以通向后面大厅。

高悬"礼耕堂"匾额的大厅面阔5间，高约18米，进深14米左右，是我国为数不多的大型古建厅堂。厅前横贯廊庑，顶部有"一枝香"翻轩。

步柱间开设14扇落地长裔。前檐挑檩头雕有水浪、龙头、鲤鱼，内檐雕灵芝梁垫，构思独特、精致、巧妙，图案简洁而饱满。

大厅前后设置"船篷"轩，中间为四界大梁，梁架间有精雕细刻的棹木共计8组16方，上面镌刻有各种民间故事和成语典故的图案。厅后并排有22扇屏门，可以通向后院。

大厅是主人行礼仪、接待宾客的地方。过去，大户人家每逢有喜庆之事，就会在大厅中央铺设氍毹，张灯结彩，邀请戏班前来演剧。大厅内的东西两侧安装有木制隔障，戏班演出的时候可以撤除隔障改挂细帘，好让女宾在帘内看戏。

后堂楼为5开间两厢楼，为生活起居之所，采用重檐式建筑。

楼下构有鹤胫轩和船篷轩，雕有各种花卉，寓意吉祥如意，虽已年久失修，但仍然清晰可辨。

大厅左右两侧为东西备弄，与东备弄一弄相隔，建有一座两层的花厅，名叫"半砚斋"，它面阔11米，进深13米，可以分为两个部分。前部用来会客和举行小型演出，后部较小，专供小憩或读书之用。

半砚斋东南角是"稼秣堂"，该堂清静雅致，处于一个相对封闭的院落中，可从正南库门进入，门上原有砖雕门楼一座，刻有"艺苑口芳"4个字，堂前主要为四合石板大天井，在天井的两侧是一个戏房。堂内中部和东西两侧的厅翼为观众席，厅翼上是阁楼，置屏门14扇。

稼秸堂的东面，有一处小巧精致、花石典雅的花园，花园面积虽然不大，但山势起伏，古木婆娑，趣意十足。假山叠有"水帘洞"，上有形似唐僧师徒、观音、鲤鱼、四不像等奇石数块，洞内还有自然形成的"福、禄、寿"等字样。

花园北面的鸳鸯厅是我国保留不多的全楠木大厅之一，十分珍贵。鸳鸯厅可以分为南北两半，一半为圆形，另一半为扁圆形，所相互映衬称之为鸳鸯厅，构架和装修全部采用楠木。楠木身价昂贵，往往用来彰显主人的身份和地位。

砖雕艺术在传统建筑上应用非常广泛，是苏州民居的一大特色。砖雕艺人往往通过所雕塑的花卉、鸟兽、人物等反映人们祈求和平、吉祥、安宁的愿望。

由于砖质地的关系，一般图案结构不甚复杂，但严谨饱满，以多

变的形式来突出它古拙朴实的风格，达到庄重典雅的效果。

礼耕堂潘宅原有8座砖雕门楼，其中3座最为精致，它们分别位于轿厅、大厅和堂楼前。这3座砖雕门楼宽3米左右，构图严谨，雕工精细，均属砖雕中的上品。

轿厅前门楼镌刻着"居德斯颐"4个字，大厅前门楼镌刻着"秉经酌雅"4个字。四周并镶有以蝙蝠、荷叶、灵芝、牡丹等图案，寓意洪福齐天，富贵吉祥等。

整体造型美观大方、有繁有简、错落有致，充分体现了苏州能工巧匠精雕细琢的功力，技艺高超。

第四进堂楼前的砖雕门楼的题额为"旭丽风和"，雕刻最为精美。檐下饰有回纹挂落，斗拱两跳，枫拱镂雕着各式花草。整体采用立体镂雕工艺，雕饰凸出画面。

上枋、下枋、兜肚、垂柱及两侧山面雕满四季花卉，两边雕着梅

兰竹菊荷桂等花，还雕有石榴、灵芝、佛手、寿桃等，烘托着中央的百花之王牡丹，真是美轮美奂、千姿百态，尽显古朴之风。

最为人称道的是左右垂柱定盘枋各雕饰有一只栩栩如生的蟾蜍，憨态可掬，煞是可爱。蟾蜍是我国历史上祈嗣活动的吉祥物，深受百姓喜爱，刻在门楼上是希望它起到镇邪作用，保护家人平安。

门楼脊头镂雕着蝙蝠流云和飞龙流云，寓意"福到"和"龙腾虎跃"，那雕塑的云彩于白墙间朝外微微凸出，十分逼真。

平江路周围还有大批的老式民宅，有唐纳故居、钱伯煊故居、潘祖荫故居、潘隅芬故居、潘世恩故居、洪钧故居、郭绍虞故居和顾颉刚故居等，这些故居安静地矗立在江岸两边，述说着先辈的往事，彰显着江南独特的建筑魅力。

这些建筑多依河而建，一些年代久远的老房子，白墙青瓦，木栅花窗，木料多用棕红或棕黑色，清淡分明。外墙虽多已斑驳但却如丹青淡剥。墙面剥落处又攀生出许多藤萝蔓草，随风摇曳，神采灵动。

江南匠人的心思玲珑，他们把园林的美学应用到了日常的生活中，河道婉转，房屋便靠与回廊、小桥、花木之间彼此借景掩映，始终如画。偶然有一枝桃树斜斜地送到河面上，大有取凌波的意味。河道窄处，两岸援手可握，宽处也仅可容一船周转罢了。

经过历代的发展和扩建，在与平江路垂直相接的地段逐渐形成了许多狭小的街巷，有狮林寺巷、传芳巷、东花桥巷、曹胡徐巷、大新桥巷、卫道观前、中张家巷、大儒巷、萧家巷、钮家巷等。这些巷子高高的垣墙夹着曲折的街巷，颇有些曲径通幽的意境。

从平江路向南，几步之遥就能够听到悠扬古琴声，它是从一家琴馆里面发出的。走进中张家巷，不几步，又是一种稀奇热闹的江南丝

竹之声，循声向前，则是一家书场，看台上的人说嚜弹唱，好不热闹。

从书场转出，再往巷子深处走，则是一处崇脊筒瓦，牌匾显赫，还挂着大红灯笼建筑，建筑庭院里十分宽畅，有石板铺地，两边是厢楼，北为朝南的大厅，南面正中是一个古戏台。

据说，这个建筑物原先是全晋会馆，由清末寓居苏州的山西商人所建，不专为生意洽

谈，仿佛在他们眼中，只有边喝茶听戏、边交流才是洽谈的正道。

戏台的天花板上不辞繁复地用藻纹装饰出窟窿形顶，状凹如井，顶端置一枚大铜镜，周围数百只浅雕黑色蝙蝠与数百朵金黄色云头圆雕相依相绕，蝙蝠与祥云盘旋而上，直送到那铜镜片上去。

藻井的设计却别有妙用，它仿佛一个共鸣箱，演出时，能使演员发出的声音向上聚集，声音顿时变得洪亮圆润，余音更能绕梁不绝。

之后，平江路曾有过多次细致保护和改造，但却只是修复原有旧牌额。沿街很多老旧的住宅已经失去了原来居住的作用，只是外表看起来并不张扬，悄悄掩隐在木制的门板之下，乍看起来和一般的民宅并没有什么区别，只有从格外精致的雕花门廊上还可以窥出些端倪。

与同是苏州老街的山塘街相比，平江路少了份商业气息，保住了市巷旧貌，更大限度地留住了民俗风情，述说着平江路的风华。

**知识点滴**

　　洪钧是清朝时期的一位状元。相传，洪钧在返乡奔丧的路上看到了在秦淮河上卖唱的赛金花，一见倾心，于是就把她纳为妾。1890年盛夏，洪钧作为清朝政府的公使，带着赛金花一起远赴欧洲，由于赛金花年轻美貌，长于辞令，能够讲一口流利的外语，所以很快就闻名于欧洲上流社会，成了我国第一代"交际花"。

　　后来，他们回到苏州，回到平江路。洪钧去世后，赛金花曾作为青楼女子而知名上海，也曾在八国联军入侵北京后起到了劝说联军统帅，保护北京人们的作用，从而成为一代传奇人物。人们走在平江路上，有时候总会觉得不知在哪个街巷上，就会走出风韵优雅的赛金花来呢！

# 屯溪

　　屯溪老街历史悠久，位于安徽省黄山以外，镶嵌在青山绿水之间，北依四季葱茏的华山，南伴终年如蓝的新安江，已有数百年历史。

　　屯溪老街全长832米，宽8米左右，是我国保存最完整，最具宋、明、清时代建筑风格的商业街。

　　屯溪老街的建筑群继承了徽州民居的建筑传统风格，建筑形式具有鲜明的徽派建筑特色，号称"东方的古罗马"。

# 鱼骨式结构的老街街巷

　　三国时期的吴国威武中郎将贺齐为征伐北越，曾屯兵溪上，屯溪因此而得名。关于屯溪名称由来的另一种说法是：因诸溪汇聚于此而得名，由此也可以看出屯溪的交通非常方便。

沿着河道顺流而下，可达杭州。逆流而上，则可以到达休宁的上溪口。溯横江而北，可至黟县的渔亭。物资转运的辐射范围可达半个徽州地区，于是人们在此建了用来储存货物的8家栈房，逐渐造就了屯溪水利交通枢纽和商业中心的地位。

经过发展，屯溪逐渐形成一条商业街，并在元末初具规模。至明朝，徽商崛起，称雄全国，带动了屯溪老街的迅速发展。

明弘治年间的《休宁县志》中就有"屯溪街"的名目记载。

镇海桥又名屯溪桥，俗称老大桥，东西贯穿老街与黎阳，是进出屯溪的门户。镇海桥为6墩7孔石拱桥，长133米，两端引桥各长15米，宽6米，高10米，拱洞跨度13米或15米不等，墩砌等腰三角形，墩顶端分水石尖翘起。拱脚、拱圈均用褐红麻条石交错砌筑。石料以糯米稀、猕猴桃、藤汁加灰浆胶结。中洞有"禁止取鱼"4个字。

桥面旁的桥栏主要以茶园石铺设，桥栏纵向条石两头凿阴阳榫，互为衔接；上下连接处凿蝴蝶形卯样，又用铁梢卡锁，形成整体。因此，桥身质地坚实，气势雄浑。

桥上原有亭，两端有飞檐五脊虎殿顶建筑。桥东临街处建有高大拱门，上悬"镇海桥"三字金匾。

镇东阁原为休宁知事来屯溪巡查的下榻之所，始建于明末清初，坐北朝南，是一个二层的砖木结构楼阁，楼下前进为大厅，后进为小厅，楼上可以设宴款待官员和名流。

阁中有木板对联："看阶前苔青莓绿无非生意，听庭中鸦鸣雀噪恐是冤魂。"横额为"怀德"，取君子怀德之意。

据清康熙年间的《休宁县志》记载："屯溪街，县东三十里，镇长四里"，可见屯溪老街的规模之大。

当时的屯溪老街两侧，建有武举巷、珠塘巷、祁红巷、渔池巷、海底巷、李洪巷、劳动巷、新河巷等18条巷弄，它们和屯溪街周围的

上、中、下3条马路沟通了老街和山水，呈现出鱼骨式的结构形态。

武举巷呈曲尺形，东西向长49米，南北向长42米，宽2米，用碎石铺就路面，因这条巷内曾经走出过武举人而得名。

珠塘巷东临观音山，西靠踏地井，是屯溪老街通往珠塘的一条傍山小路，全长274米，宽2米至3米，石板路面，后来一度改名为珠塘后街、四新巷等。

祁红巷是原屯溪后街的一部分，全长121米，宽3米，石板路面，曾经更名为中山后街。

鱼池巷是屯溪老街与后街相通的主要巷道，全长98米，宽1米左右，石板路面。

鱼池巷最早为一个程姓人家所有，名为程家巷。后来由于巷内设有鱼塘，于是更名为鱼池巷，巷内民居特色鲜明，极具研究价值。

海底巷是与鱼池巷平行的一条街巷，全长86米，宽2米，石板路面，因为巷道地势低洼，经常存积有大量的雨水，非常难排，于是人们就将此地戏称为"海底"。海底巷北窄南宽，从高处俯视像极了鞋底，所以人们也称之为鞋底巷。

李洪巷原来为徽商李家和洪家居所之间的一条小道，这条巷与另一条海底巷平行，全长76米，宽仅一米，石板路面。

　　劳动巷原名马铺巷，是因为旧时在巷内曾经开设有一家"源记货栈"，往来商旅的骡马多拴在巷内，因此得名。劳动巷是沟通屯溪老街与河街的主要巷道，全长84米，宽1.5米，石板路面。

　　新河巷又名当铺巷，因旧时巷内开设有当铺而得名，全长86米，宽1.8米，石板路面。

　　立新巷与新河巷平行，全长86米，宽1.4米，石板路面。据说旧时巷内有很多蝙蝠出没，一度被人们叫作蝙蝠巷。后来，巷内住了8家富户，又改称为八福巷。

　　榆林巷与立新巷平行，全长95米，宽1.5米，石板路面，过去是新安江上游屯溪南港率水的上溪口与北港横江的渔船停靠码头，是渔民出入集市的必经之路，故称渔民巷，俗称鱼鳞巷，由于在屯溪方言中榆林和鱼鳞谐音，所以也被称为榆林巷。

　　还淳巷与榆林巷平行，全长98米，宽2米，石板路面，是一个靠

近河沿的巷口，原建有一座跨巷阁楼，叫作"鸿楼"，楼下开设有茶号，茶工们习惯性地将之称为鸿楼下，后更名为还淳巷。

"还淳"可能寓意人们两种意思，一种从教化方面理解，是希望能够还原人们淳朴敦厚的风气；另一种从纪念方面理解，是因为这里是新安江下游淳安人集中返乡的码头所在。

永新巷与还淳巷平行，全长93米，宽2米，石板路面。因为过去巷内曾有专做小磨麻油的作坊，所以习惯上就称为麻油巷，后改名为永新巷。

风林巷为倒丁字形，主巷呈南北向，支巷呈东西向，连接梧岗巷和二马路，总长195米，其中东西向100米，南北向95米，石板、沙砾相间路面。早年在巷边有一处坟地，所以被人们称为坟灵巷，后以音易字，成为了凤麟巷或风林巷。

梧岗巷由一条主巷和一条支巷组成，主巷呈南北向，长89米，东西向长174米，宽2米，碎石路面。旧时因为巷内的人家栽种有梧桐树，所以美名曰梧岗，取"凤占梧岗"之意。后来巷内开设过当铺，百姓通称为当铺巷。

德仁巷呈南北向，全长104米，石板路面，原有住户15家。旧时巷内保存有潘氏宗祠，所以也被称为祠堂巷和祠堂基巷。后来，在老街巷口开设了一家百年老店"同德仁"中药铺，于是更名为德仁巷。

地盘巷在屯溪老街中段北侧，东接利民巷，西至延安路，全长204米，碎石、沙砾相间路面。原来在巷口的阁楼下有高出地面的石板小平台，称为地棚。后来，人们又发现在巷内有块空地像面盘子，所以

又称为地盘巷。

利民巷是地盘巷向东拐的一条巷段，全长106米，宽3米，为水泥路面，因巷内建有利民食品厂而得名，后来与地盘巷合称为兴无巷。

枫树巷全长350米，宽3米至7米不等，两端为石板路面，是屯溪潘姓的祖坟地，因有两棵大樟树和许多枫树而得名，又因为临近老街巷口正对着一家泰来山货店，所以也被称为泰来巷。

横街东起新安江道，西接屯溪老街，全长270米，宽5米，石板路面。因为和屯溪下街相对而横，所以被称为横街。

青春巷位于屯溪老街东入口南侧，由两条支巷组成，南北向支巷因为曾设有慈善机构"屯溪公济局"，所以称为公济局巷。东西向支巷因曾设有"钱粮柜"而名为钱粮柜巷，后来两巷合并为青春巷，全长134米，宽2.5米。

屯溪老街依山傍水，顺地势自然形成，街道走向略显弯曲，赭红

色的石板路面显得古拙质朴，形成一个完美的组合。

屯溪老街建筑古朴典雅，是一条具有明清建筑风格的商业街，被誉为"活动着的清明上河图"。整个老街古色古香，为全国重点保护单位。

**知识点滴**

屯溪的镇海桥相传是隆阜的财主戴时亮为嫁女儿而独资建造的。至清朝康熙年间，遭遇水患被冲毁，由程子谦捐资670万贯，费时两年重新建成，通行17年之后又被水毁。程子谦无奈地说："桥之不固，是我之过也。"

于是，他就再一次自己出资修建这座桥，可是桥还没有竣工他就去世了。他的儿子程岳，当时任广西清吏司、员外郎，为了完成父亲的遗志，最终将桥建成。

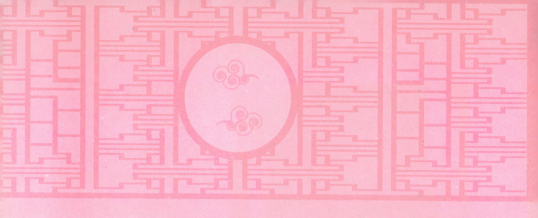

# 古朴的徽派建筑文化

　　老街路面用一色赭红麻石铺砌而成，石板拼接有序，缝隙清晰美观，整个街道古拙质朴，街道两旁店铺鳞次栉比，店面前后略有错落，各展风采，各具特色，给人以赏心悦目、造型优美的深刻印象。

　　屯溪老街建筑保持着传统的徽州古建筑风格，所有建筑体量大小

相间色彩淡雅、古朴，虽然历经百年，屡有重建，但是原始的风貌并没有改变，小青瓦，白粉墙，马头墙古色古香。

这些建筑物全部采用砖木结构，以梁柱为骨架，外面实砌扁砖到顶。在挑檐和挑枋下，装鹅颈轩起支撑、牢固和装饰作用。楼上临街装饰有木栏和裙板，并安置有各种花窗，十分典雅。

老街的建筑有沿街敞开式，也有内天井式，建筑结构有二进二厢，三进三厢，注重进深，讲求"前面通街、后面通河"。这种入内深邃、连续几进的房屋结构也造成了屯溪老街前店后坊、前店后仓、前店后居或楼下店楼上居的经营和生活方式。

老街建筑群远看似参差跌宕、连绵起伏的城墙垛堞，近前正面看每座楼房，又似凌空翘首的牌坊。

据统计，屯溪老街沿街共有280家店铺，一般为两层，属典型的"下店上房、前店后坊"的建筑形制。这些店面多为单开间，店铺之间有马头墙封护相隔，底层门面采用木排门，卸去排门，便可以将店堂全部展示出来，以示开始营业。特别是老街两侧店铺门楣上的金字招牌，显得流光溢彩，古色古香。

清人朱彭寿有过一首七律《字号诗》：

顺裕兴隆瑞永昌，元亨万利复丰祥。

泰和茂盛同乾德，谦吉公仁协鼎光。

聚益中通全信义，久恒大美庆安康。

新春正合生成广，润发洪源厚福长。

于是，老街两旁的上百家商铺就从诗中选取一个、两个或三个字组合成自己店号，如"同和""华兴""鸿大""同益""大吉祥""同德仁""合记春"等，深刻体现了经营者对吉祥如意的经营意境的向往和追求。

在老街的中西段，文房四宝、书画艺术品等比较集中，而这些店铺的招牌更给人翰墨书香的感觉，无不弥漫着民族文化丰富的韵味。如"醉墨山房""文雕苑""一品斋""艺林阁""集雅斋""墨都画廊"等。而如"始信阁""梦笔艺斋""天都""莲花书社"等，更是黄山秀丽风光与灿烂徽州文化的融合再现。

老街不少金字招牌体现了徽商讲求仁德的"儒商"经营思想。"同德仁"中药铺内柜台上竖有一块立牌，上书"桔井流香"4个金色大字，向人们展示该店济仁施德的经营宗旨。

"程德馨"酱

园，见其名号立即令人想起唐代诗人刘禹锡《陋室铭》中的名句"唯吾德馨"，同时，店堂内还有两块主招，上书"梅葛遗制、浓泛蒟香"8个大字。梅葛是传说中制酱的祖师，"蒟香"是指蒟酱的香味。

沿着屯溪老街缓缓独行，望着两边古色古香的木构建筑，看着来自山区的各色山货特产，听着浓重的徽州乡音，宛如置身于《清明上河图》一类的古代风俗画卷中。

关于同德仁中药铺的"桔井流香"匾额，还有一段故事，故事出自葛洪的《神仙传》。

相传汉代桂阳人苏公，整天修道，以望成仙。有一天，苏公正在打扫庭院，他的友人们看见了，就问他是不是有什么贵客来。

苏公回答说："仙侣要来。"

不一会儿，就见西北紫气氤氲，其中夹杂着数十只白鹤，在其住处的上空化成英俊的少年，并降落在苏公的门前。苏公便对母亲说："我被召为仙人，接我的仙侣已到门前，以后不能再服侍母亲，望母亲保重。明年天下将有疾疫，庭中井水一升，檐边橘叶一枚，可疗一人。"

至第二年，当地果然发生了疫病，他的母亲依照他的话送治病人，果然都痊愈了。

# 淳朴独特的徽州风俗

在屯溪老街上保留着很多当地特有的风俗，如太子会、赛龙舟、还枷锁、祭灶、立夏节、年忌等，真实反映着当地人们的生活。

立夏这天，屯溪当地的老百姓有吃苎叶粿、鸡蛋、蚕豆、豌豆及"秤人"的风俗。苎叶粿是用野苎叶捣汁之后和糯米粉加糖蒸制而成，有清凉解毒的作用，吃了可以防止

生疖长痱。

苎叶馃又称"立夏苎",当地流传有"吃了立夏馃,农事急如火"的谚语。

吃鸡蛋时,一定要将熟鸡蛋从门槛上滚下,让孩子拾起来吃,寓意孩子可以像这枚鸡蛋一样经得起摔打,易长易胖,不"赖夏"。

用嫩蚕豆、豌豆、鲜笋和肉混合煮糯米饭吃,叫作"尝新",以寓意期盼好的年景。

秤人就是称体重,看经过夏天之后,体重增加或减少了多少,是否"赖夏"。秤人最忌讳是百斤,因为百太满,满则遭损,所以当体重恰好是百斤的时候,人们一般都会多报或少报。

每年端午节,凡是沿河的城镇都会举行赛龙舟,尤以屯溪的赛龙舟最为盛大。

每年农历五月初一,就开始有龙船陆陆续续出水,逐日增加,直至端午这天达到6艘。龙船是在民船的基础上装上龙头和龙尾,并在中间安上跳水架而成。

赛龙舟前先要举行跳水比赛,俗称"打漂",随后进行赛龙舟。届时彩旗招展,金鼓齐鸣,沿江两岸观众云集,气氛十分热烈。

在屯溪,小孩患重病之

后，家人都要去城隍庙向菩萨许愿，并要在农历七月十四这天还愿，称为还枷锁。

这天，还枷锁的小孩会穿上黑领白衫，假扮成犯人模样，在大人的陪同下来到城隍庙，献上3碗或6碗供礼，虔诚地祀拜。然后把小孩脖子上的枷锁好，回家之后在灶司爷像前解开。

第二天早上，再次在灶司爷前将枷锁锁好，去城隍庙向城隍菩萨报到。经过祀拜，再尾随无常和城隍菩萨上街，等城隍菩萨回庙之后解开枷锁，意味着罪行得已恕免。

太子会是屯溪的传统庙会。相传古时候有一位太子，生性仁慈，世人都敬仰他的德行。在一次狩猎的过程中，太子马失前蹄不幸身亡。于是，人们就为太子塑像造庙，供为太子菩萨，每年的农历七月二十四都会举行盛大的庙会来纪念。

太子菩萨出游是太子会的一个重要内容，首先出现的是一个直径

约为两米的木轮，车辐上装饰有铜铃和彩色纸条，两位身强力壮的年轻人轮番推着向前滚动开路，旗、锣、伞、鼓等紧随其后，金鼓齐震，鞭炮争鸣。

接着是仪仗，金瓜、月斧、掌扇等均为锡铸，每件两个，每人肩荷一件并列而行。之后是4人抬着香亭，亭后为提炉，炉中为点燃的檀香，烟云氤氲，香气袭人。

太子菩萨为童子模样，头戴紫金冠，身穿杏黄袍，足登粉底靴，骑王白绒假马，假马固定在一座方台的中央，由4人抬着紧跟在香炉的后面。

巡游完之后回到太子庙，把太子菩萨神像请下马来，奉入神龛，将假马置于右侧作为陪衬，其间笛、笙、箫、唢呐齐奏，并伴有小锣小鼓，音调和谐，悠扬悦耳。

靖阳节是屯溪黎阳的旧俗，时间为农历八月初一至十三。初一这天晚上，屯溪黎阳乡所属的11个菩萨会就会组织"打仗鼓"。

　　农历八月十一下午，各个菩萨会抬着神像，由游锣、蜈蚣旗、三角旗、三眼铳、亮伞、仗鼓等前呼后拥，轮番出游。

　　农历八月十二晚，所有菩萨按先锋、任元帅、程元帅、赵元帅、钱将军、二相公、八大帝、九相公、新关帝、老关帝、汪公秩序列队，集中在小龙山祭坛，行祭拜礼、烧纸马等。

　　农历八月十三上午，所有的神像会被人们抬着绕乡游一圈，最后集中在汪公庙前的戏台下，人们将汪公和关帝置在当中，其余各神骑马，由先锋带头，绕场跑3圈。九相公跑9圈，每跑一圈，换袍甲一件，俗称"跑马磨豆腐"，整个跑马过程中燃炮鸣鼓，好不热闹。

　　摸秋是屯溪人在中秋之夜进行的一项活动，这天晚上，任何人都可以无偿去地里采摘一些瓜果、玉米之类，所"摸"之物只能用手拿，不得用篮、袋等物品代替，意思是讨个预兆，看看这年的运气。

　　而对于那些已经成熟的青豆、冬瓜之类长毛的蔬果，却没有一个人去摸，因为摸着就寓意快要倒霉了。还有的人会摸个冬瓜，将瓜面画成孩子脸，穿上衣衫，塞到新婚夫妇的被窝里，而后向主人道喜，恭贺添丁，博得主人欢心，就可取月饼、果点等食用。

　　祭灶俗称拜灶师菩萨，农历十二月二十三小年这天，家家户户都会祭灶。灶门上方贴上对联："上天奏善事，下界保平安。"

太阳落山之后，人们就会在灶台上供奉12个寿桃，代表一年的12个月。祭完灶，到室外将灶神像烧毁，意为送灶神上天。

在安徽的习俗中，过年有各种各样的忌讳，一忌说坏话，二忌打碎杯碗器皿，三忌损坏衣物，四忌扫地，五忌向门外泼水，六忌打骂儿童，七忌服药，八忌用白、蓝、绿、青、黄等颜色。

人们认为触犯了这些忌讳，就是不祥的征兆，这一年就会有破财、生病及其他灾祸发生。久而久之，就形成了这样一种意识。

知识点滴

黎阳仗鼓在古徽州久负盛名。为了祭祀先祖，黎阳人每年都要在汪华当年秋操练兵的农历八月举办大型庙会，叫八月靖阳。其间，打仗鼓是最为热闹的一个活动。

农历八月十三这天，打仗鼓一直要打，直至庙会结束。先是每天四鼓二笛一锣为一班，轮流上阵，夜夜击鼓奏乐，走遍黎阳的大街小巷。

在"咚、咚、咚"的仗鼓声中，村民们扫村落、接亲友、逛庙会，喜庆的气氛日益浓郁。到菩萨出游时，24位武士打扮的后生就会同时上街"打仗鼓"。

那雄壮威武的鼓点，缓时声声如雷、九天回响，急时排山倒海、气势如虹，再加上悠扬的曲笛、清脆的云锣，大有当年汪华"沙场秋点兵"的意味。

# 三坊七巷

　　三坊七巷地处福建省福州市中心，总占地面积约为38万平方米，基本保留了唐宋的坊巷格局，大多在宋朝时期定下坊巷之名，有保存较好的明清古建筑159座，被誉为"明清建筑博物馆""城市里坊制度的活化石"。

　　三坊七巷是福州南后街从北到南依次排列的10条坊巷的简称，向西3片称"坊"，向东7条称"巷"。此街区是我国十大历史文化名街之一，也是福建地区保存最完整、最著名的坊巷，十分珍贵。

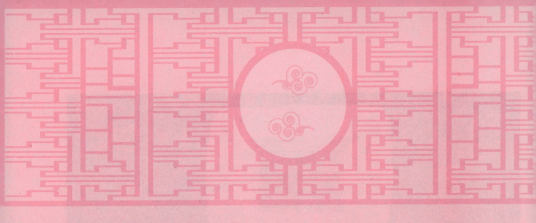

# 名士辈出的坊巷院落

　　福州又名榕城，从汉朝开始，福州先后建成了冶城和子城等6个城垣，并由北向南逐渐扩展。

自唐以后，福州政治、经济、文化迅速发展起来，唐昭宗李晔命王审知字福州建造了罗城，罗城南面以安泰河为界，政治中心与贵族居城北，平民居住区及商业区居城南，分段围墙，同时强调中轴对称。整体布局以屏山为屏障，于山和乌山两山相互对峙，以南后街为中轴，两侧对称成坊成巷，逐步演变成三坊和七巷组成一条街的格局。

三坊七巷人杰地灵，历代众多著名的政治家、军事家、文学家、诗人等都从这里走向辉煌，有的从坊名和巷名就可看出他们当年的风姿和荣耀。

宫巷原名仙居巷，是因巷内建有紫极宫而得名。宫巷里的住宅结构十分精巧，单是室内的木雕石刻构件就令人叹为观止。如漏花窗户采用镂空精雕，榫接而成，通过精心编排木格的骨骼而形成精美、丰富的图案装饰。

在木穿斗、插斗、童柱、月梁等部件上的装饰都是精雕细刻，各种精巧生动的石刻在柱础、台阶、门框、花座、柱杆上随处可见，是福州古建筑艺术的集大成者。

宫巷北侧为林聪彝的家宅，1645年唐王朱聿键在福州即帝位时，将此处设为大理寺衙门。道光年间，被林则徐的次子林聪彝所购置，晚年后一直居住在这里，直至病终。

林聪彝家宅气魄恢宏，庭院深深，活动空间十分宽广，在福州的古家宅中实属罕见。

家宅坐北朝南，占地面积3000平方米左右。临街设有6扇大门，为木构架结构斗拱、雀替、悬钟等雕刻精致，墙檐下有精美灰塑雕像。

主座四进，第一进南面照墙上堆塑有獬豸图案，为明朝时期大理寺衙门的标志。各进之间隔以高墙，过道设有亭阁遮雨，每进东边都有小门通往东墙外的花厅和园林，往来非常方便。

园林布局宽广，建有榕树、竹林、花坛、鱼池、拱桥等，景色宜人，其中小叶榕尤为珍贵。园林西北面建有后花厅，木架结构，梁柱粗壮硕大，檐下悬钟雕刻有佛手等柱头，精巧雅致。

黄巷与南后街相隔，与衣锦坊东西相连。据记载，晋永嘉年间，

闽国公黄元方曾落户于福州南后街，故称为黄巷。

至唐朝末年，崇文官校书郎黄璞退隐之后也居住在这里。

黄巢军入福州的时候，因闻黄璞的大名而命将士们灭烛夜过黄巷，以免打扰黄家的休息，从此黄巷名声大振。

黄巷中段的北侧为黄楼，由唐进士、崇文阁校书郎黄璞所建。黄楼为双层楼阁，面阔3间，进深5柱，穿斗式木构架，梁架上描龙绘凤，槅门窗户都为楠木所制，选材珍贵，做工讲究，雕刻精细。

楼上走廊两侧出挑露台，通连假山，楼两侧靠墙是糯米与三合土制成的雪洞。

楼前为一通天井，与对面太湖石垒成的假山和鱼池相映成趣，一座拱形的小石桥跨越其上，桥栏板上刻有"知鱼乐处"4个字，鱼池水清见底，群鱼游弋。

东侧为一座半边凉亭，垂柱上刻有松鼠、燕雀、蜻蜓、谷穗、玉米等，凉亭四周挂有12个悬钟，各尽其致。庭内修竹数行，花木扶

疏，环境清幽，格调高雅。

巷内历代多住有儒林学士，人文荟萃，是文化名人和社会名流的集居地。清朝的知府林文英，榜眼林枝春，巡抚李馥，楹联大师梁章钜，进士陈寿祺、赵新等，都曾居住在巷内。

位于黄巷东段北侧的是郭柏荫家宅，俗称"五子登科"宅第，明清两朝的建筑风格明显，始建于明朝，原为福州衙门所在地，清道光年间，进士郭柏荫显贵后购置重修，世代居住。郭柏荫的父亲郭阶三，生有5子，皆登科第，所以在宅前悬挂有"五子登科"的牌匾。

宅第总建筑面积为2130平方米，主座建筑前后三进，坐北朝南，四周围有围墙，宅第的门面非常壮观，东西间距可达20多米。

第一进为厅堂，面阔5间，进深7柱，扛梁减柱造木构架，前廊宽敞，厅中留有28根大木柱，用材硕大，显得雄伟。二进结构与一进相同，过后为天井。

东墙外为花厅园林，庭院内有造型别致的假山、水清见底的鱼池、小巧玲珑的花亭以及错落有致的树木等，颇具江南园林韵味，其中还保留有一棵珍贵的古羊婆树。

吉庇巷俗称"急避巷"。传说在宋朝时期，郑性之高中状元之后便衣锦还乡，巷中曾经看不起他而又凌辱过他的居民听说后避而不出，所以戏称为"急避巷"。明代之后取谐音改为"吉庇巷"，寓意吉祥如意。

吉庇巷北侧有谢家祠，建于明代，坐北朝南，占地面积1025平方米。谢家祠前后四进，前为浅面厅，青石框大门为主座，门楣上有一对青石的门簪，为明朝的规制，极为少见。

主体建筑用材硕大，三面环廊，当中天井，全部用条石铺砌。墙檐下塑有"八仙过海""双狮戏球"等图饰。花厅小巧玲珑，旧时为

书斋。祠内还完整地保存两块"武魁"牌匾。

衣锦坊是三坊中的第一坊，又名为通潮巷。据清朝时期的《榕城考古略》记载，宋朝的文人陆蕴、陆藻兄弟就居住在这里，名为禄锦坊，后南宋文人王益祥被任命为江东提刑之后，更名为衣锦坊。

这些都是说坊内有人出仕做大官衣锦还乡之后而荣耀乡里，因为这个地方是水网地区，福州西湖和南湖的潮水可以通到这个坊巷的沟渠里去，所以坊名也一度被改为通潮。

在衣锦坊东口北侧有全坊最大的宅院，创建于明万历年间，原是郑姓人家的住宅，至清道光年间为巡抚孙翼谋家族所有，以后长期都有孙氏子孙居住。经过多次重修，成为3座毗连的深宅大院。

从西而东，第一座为主座大院；第二座为别院；第三座为花厅园林。厅堂面阔3间，进深7柱，别院采用明三暗五的格局。每进东侧都有小门通往别院，别院由书斋、佛堂、厨房、饭厅、库房等组成，再往东又有小门通第三座花厅园林。

花厅的最大特色就是建有水榭戏台，是福州市仅存的一个水榭戏台，是府内喜庆时举行宴会的重要场所。水池面积60平方米，池底涌泉，长年不涸，池内养有金鱼、鲫鱼、龟鳖等水生物。

建在池上的水榭戏台，坐南朝北，是一个木构的单层平台，4柱单开间。内顶上方形有藻井，中刻团鹤，周饰蝙蝠，象征福寿双全。

戏台三面临水，中隔天井，面对楼阁，拾音特别好，在这个地方观看戏剧演出，水清、风清、音清，极具有声学和美学价值。

戏台正对面建有双层楼阁，可供聚会、看戏或登高望远。墙头、檐下、屋脊塑花边纹饰等都是精工细做而成，造型独特，别具一格。

文儒坊是三坊的第二坊，初名为儒林，后因为宋朝的祭酒郑穆居

住在这个地方，所以更名为文儒坊。

郑穆曾任国监祭酒，是宋朝最高学府的重要官员，从三品官附。明朝的抗倭名将张经、清朝名将甘国宝、被誉为"民进士"清朝人陈承裘的家宅也在坊内，皆是坐北朝南的大宅。这条坊因历代文儒辈出而闻名全国。

光禄坊是三坊中的第三坊。光禄坊内曾经建有一座法祥院，俗称"闽山保福寺"。当时的福州郡守程师孟经常到这里吟诗游览，僧人就在石头上刻了"光禄吟台"4个字，他为了感谢僧人，就作诗一首：

永日清阴喜独来，野僧题石作吟台。

无诗可比颜光禄，每忆登临却自回。

光禄坊的名字也由此而来。其中禄吟台最负盛名，保留有宋至清时期的摩崖题刻多处。

位于光禄坊中段北侧的是刘家大院，自西而东4座并列：东从道南祠，西至早题巷，南临光禄坊大街，北靠大光里，总面积4500多平方米，是福州规模最大的单姓宅院。

刘家大院坐南朝北，建筑尺度和用材也很惊人：前后檐下的廊檐石又长又宽，梁柱等结构构件硕大，天井里的石勒脚很多都是用整块的大青石砌筑而成，充分体现了南方建筑灵动通透的特点，同时也彰显出一种稳重和大气的气势，展示了刘家的富足和气派。

杨桥巷是七巷中最北的一条巷。杨桥巷古名为登俊坊，因向西能直通杨桥而更名。

杨桥巷南有座"双抛桥"，虽然规模不大，但是却有着很多动人的传说故事。

双抛桥地处内河沟道，是东西两水相交汇的地方，能够感受到

"万里潮来一呼吸"的内河奇观。

在双抛桥边两岸相向的地方，长有两棵榕树，在空中枝叶交汇，相拥成荫，有青年男女殉爱的凄美故事，传之久远，以至于后人都说不清是先有了这两棵树，再有了这座桥，还是先有桥后有树了。

安民巷位于黄巷南，隔着南后街与文儒坊相对，曾名为锡类坊，后改名为安民巷据说还与黄巢入闽有关。传说黄巢率军进入福州之后，第一件事情就是出示安民政策，人们感激黄巢，就将他下发命令的巷子命名为安民巷。后居住在巷内的人家多为社会贤达，巷内西侧的民居旧宅仍保留了原始的匀称格局和古朴风韵。

鄢家家宅就位于安民巷的南侧，建于清乾隆年间，原为"鄢氏太澄公宗祠"。家宅坐南朝北，四面围墙，占地面积1425平方米。

主厅前廊有小门直通西院花厅，一进大花厅是精华所在。客厅房间全用楠木，精雕落地门，尤显富丽堂皇。房前有一个小厅，缀以配着花窗的隔扇，厅前的轩廊有卷棚装饰屋顶，悬钟和雀替上刻有花果，造型独特。

轩廊前有一对用青石为基的大柱，四周刻有蝙蝠图案。廊下为条石天井，铺就得十分平整，西墙设有两层石制的几案式花架，专供摆设花盆。

天井西侧栽种有一棵百龄的洋桃树，恰似一个大型的盆景摆放在那。东墙角为一座木构的半边亭，小巧玲珑，里面有3个小型的花篮式悬钟，钟身雕刻的花纹细腻精美。

塔巷曾名修文巷，后宋朝知县陈肃将名改为兴文巷。后来，人们因这个巷内建有阿育王塔而称为塔巷。此塔位于巷的北端，被视为福州文运兴盛的象征。

塔巷西段的北侧为汀州会馆，贯穿塔巷和郎官巷，始建于清初，乾隆、嘉庆年间都曾进行过修葺。会馆四面围有围墙，坐北朝南，总占地面积为2000多平方米。会馆主楼前后三进，临街有6扇大门。首进建筑三面环廊，廊下大天井均用大条石铺砌。厅堂面阔3间，进深7柱，穿斗式木构架。

主楼东侧为花厅，石门框

内设卷书形关合窗，前天井使用玻璃天窗，既利于采光又可防雨。后天井内鱼池、假山、雪洞等一应俱全。

尤其是园林内的假山、花木布置精巧，灰塑的佛像如弥勒、观音等形态逼真，惟妙惟肖。

郎官巷在杨桥巷南，位于南后街的东侧。因为宋朝时期的郎官刘涛居住在这里，后世子孙世皆为郎官，所以称为郎官巷。

位于郎官巷的西段有一书屋，名为二梅书屋，是道光年间丙戌进士林星章的宅院，因院内种植有两棵梅花树而得名。二梅书屋始建于明末，清道光、同治年间曾经进行过大规模的修复。

书屋坐南朝北，前后、左右共五进，占地约为2500平方米，自郎官巷可以直通塔巷。大院朝街共有6扇大门，厅堂正间用彩金插屏门分隔前后两厅。

　　两侧厢房的窗棂用木格纹编缀成各种纹饰，门扇、窗扇、壁板等全部用楠木雕刻绘制而成，十分珍贵。各个房屋之间以围墙相隔，过道露天的地方都建有亭阁遮雨。

　　二梅书屋屋前栽种有两棵梅花，自成院落。二梅书屋的东侧有灰塑雪洞，名为"七星洞"。

　　门窗都采用双层漏花，冬夹窗纸，夏蒙窗纱，壁板、门扇上部的堵板上有漆画的树木花鸟和戏剧故事。厅前的小花园中建有两座古亭，其中一座是六角半边亭，并伴有一棵百年的荔枝树和一棵棕树。

　　林文忠公祠建于1905年的光绪年间，是林则徐的后裔及当地乡贤为了纪念林则徐，在奏请朝廷恩准后而修建的专祠。

　　林文忠公祠包括牌楼门、仪门、御碑亭、树德堂、花厅、云左阁和园林等，是一座具有晚清福州风格的古典园林式祠堂建筑。

　　乡约碑靠近文儒坊口，碑上刻有碑文：

　　坊墙之内，不得私行开门并奉祀神佛、搭盖遮蔽、寄顿物件，以防疏虞。

三社官街，禁排列木料等物。光绪辛巳年文儒坊公约。

从落款来看，这个公约是在1881年的清光绪年间订立的，旨在奉劝坊内的人们注意文明，保护坊巷。

这是福州古坊巷中仅存的一通乡约碑，在全国实属罕见，或许正因为有了它，坊巷内的人们才将这些建筑保护得特别完好。三坊七巷内保存有200多座建筑，是我国不可多得的"明清建筑博物馆"。

福州三坊七巷的形制以民居为主，商铺极为少见，在坊巷的出入口处建立有封闭的高墙，并立碑约束居民的行为，因此被称为"城市里坊制度的活化石"。

**知识点滴**

五代后周时期，燕山府有个叫窦禹钧的人，最初心术不正，经常坑害乡里，过而立之年却无一子。

后梦见已故父亲怒斥自己，说自己的恶性已经触怒天帝，惩罚他命中无子，并且短寿。训诫他要广积阴德、回转天意。

窦禹钧这时才幡然醒悟，开始修身养性，广做善事，重新做人。后来，他接连生有仪、俨、侃、偁、僖5个儿子。他谨记祖训，教导儿子们仰慕圣贤，刻苦学习，为人处世，不愧不怍。

结果，他的5个儿子都品学兼优，先后登科及第，出侯入相，人皆称之为"五子登科"。

# 南后街及坊巷特色

福州的三坊七巷不仅有3条坊和7条巷，还有一条闻名遐迩的南后街。南后街西起杨桥路口，南至吉庇路，全长1千米左右，是福州三坊

七巷的中轴所在。在南后街的东侧有7巷，西侧有3坊，是福州主要的商业街，由北到南路面商贾云集。

这里不仅有提供柴米油盐和日常生活所需的店铺，还有专为文人服务的刻书坊、笔墨店和裱褙店，以及元宵、中秋两节的灯市。

正阳门外琉璃厂，

衣锦坊前南后街。

客里偷闲书市去，

见多未见足开怀。

这首诗将南后街比为北京正阳门外的琉璃厂，充分展现了南后街的文化风貌。明清时期的南后街依旧延续着"粉墙黛瓦石板路"、两旁铺面林立的热闹街市景象。后来，人们将路面拓宽，改成了柏油马路。

南后街的花灯始于宋朝，兴盛于明清时期。花灯具有观赏、祈求吉利和增添喜气的作用，所以深受人们喜爱，传承千年而不败。

早在宋代，福州的花灯就很有名了，据宋代《武林旧事》记载，福州用纯白玉镶嵌的花灯"晃耀夺目，如清冰玉壶，爽彻心目"，在入京参展的花灯中列为上品。当时全国各地都有制作花灯的作坊，而苏州和福州的花灯最好，福州更在苏州之上。

最初的元宵节花灯，是官府为表示"与民同乐"而举行的民间灯展活动。明代学者王应山《闽大记》中有"沿门悬灯，通宵游赏，谓之灯市"的记载。

福州素有送灯的习俗。因"灯"与"丁"在福州方言中是同音，送灯意为"添丁"。有了需求后，也就有了市场，南后街就是制作和售卖春节花灯的最大集市。

早年福州女儿出嫁，不论有否生育，娘家都得送灯，没生育就送

"观音送子"灯或"天赐麟儿"灯。孩子出生的第二年就送"孩儿坐盆"灯，第三年以后送"橘"灯，有几个孩子就送几盏，一直送至小孩16岁为止。有的生两个送3盏，多的一盏叫"出头灯"，希望小孩出人头地。

居住在宫巷的清嘉庆举人、林则徐好友杨庆琛的《榕城元夕》竹枝词对此有生动的描写。词说道：

天赐麟儿绘彩缯，新娘房中霞光增。
宵深欲把金钗卸，又报娘家来送灯。

南后街的灯市旧俗从正月初三开始，直至十五闭市；其中以初八至十二最为热闹，民谚有"元宵只看初八灯"之说，因正月十三夜是"上纸盲"也就是"花灯"的意思，娘家人送灯必须赶在十三前。元宵之夜大人为孩子点燃花灯加入邻里儿童的迎灯队伍中，每年的元宵夜成了儿童的欢乐之夜。

南后街以前有好几家专制花灯的店铺，大多是家传手艺，由于花灯的买卖只有正月这几天，所以平时只做一些大户人家悬挂的大球灯、用于寺庙悬挂的大灯笼或迎神用的"高照"灯、丧事用的"百子千孙"灯、照明的小灯笼和用于节庆的舞龙灯等。

制作花灯的材料有纸、布、竹、木等，有西瓜灯、莲花灯、菜头灯、橘子灯、绵羊灯、猴子灯、关刀灯、麒麟灯、状元骑马灯、观音送子灯等。

扎灯艺人还根据需要，制作一些精致的花灯，选用纱、绸、缎、绢、玻璃等制作宫灯、走马灯、壁灯和各式挂灯，品种丰富，雅俗兼备，玩赏并收。形形色色的花灯为人们增添喜气和吉祥。

从建筑空间的角度来说，三坊七巷在中轴线上的主厅堂比我国北方的厅堂要高、要大、要宽，和其他廊、榭等建筑形成高低错落、活

泼而又极富变化的空间格局。

为使厅堂显得高大、宽敞、开放，一般都在廊轩承檐的檩木上再加一根，以便协助承檐承重。一般采用粗大而长的优质硬木，用减柱造的办法减少厅堂前的障碍，这在我国的建筑中是实属罕见的。

除此之外，三坊七巷的建筑在围墙、雕饰和门面上也都具有鲜明的特色。

三坊七巷民宅沿袭了唐末分段筑墙的传统，基本上都保留有由高砖、后砖或土筑的围墙。

墙体随着木屋架的起伏呈现流线型，翘角伸出宅外，形似马鞍，俗称马鞍墙。墙只作为外围，承重作用全在于柱。

在江南的建筑中，大部分是呈90度角的直线构成阶梯形的山墙，在福州罕见，三坊七巷民居的马鞍墙就是曲线形的马鞍墙。

一般为两侧对称，墙头和翘角有泥塑的彩绘，形成福州古代民居独特的墙头风貌。

建筑装饰方面，三坊七巷最具特色的大概就是门窗扇上雕饰了。

普通居民的梁柱简洁朴实，不加修饰，在门窗扇雕饰上却煞费苦心。

窗棂制作得精致，木雕镶嵌得的华美，其他地区是难以企及的。

窗饰有卡榫式图案漏花的，有纯木雕式窗扇的，也有两者相间使用的，是江南艺术的集大成者。

在卡榫式漏花窗中，工匠通过精心编排，构成不同的装饰效果，分为直线型、曲线型和混合型。直线型卡榫式漏花疏密有致，曲线型富有动感，混合型则变化多端，各自有其吉祥的寓意。

在木雕式窗扇中，有透雕也有浮雕，题材有飞禽走兽，也有人物花卉，窗扇雕饰有对称式也有不对称式。如文儒坊尤恒盛的明代古宅，在二进厢房的门窗隔扇上，就透雕了较复杂的瓶花图案，花瓶寓意住居平安。涤环板上是浅浮雕的"花开富贵"。

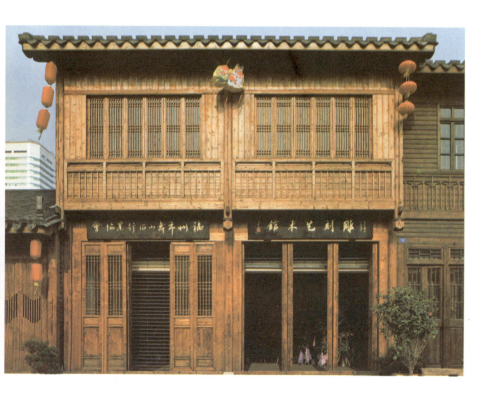

这些精美的花窗雕饰，充分显示了福建民间工匠的高超技艺。

三坊七巷建筑门的处理也极具特色，约有两种。一种是在前院墙的正中，由石框构成的与墙在同一个平面上的矩形师门；另一种则是两侧马鞍墙夹着屋盖形成较大的楼，像沈葆桢家宅等都采用的这种门楼。

街两边的三坊和七巷大多保持幽巷深宅风貌，成为人们心目中闹中取静的黄金地段，每天都吸引着人们前来驻足停留。

北宋元丰年间，当地官府为粉饰太平，下令福州城中的百姓不论贫富，每户都必须在元宵节捐灯数盏。

这个命令引起了居住在南后街郎官巷的学者和诗人陈烈的极大愤慨。

陈烈为人正直，学识渊博，与当时著名的理学家陈襄、国子监祭酒郑穆以及名儒周希孟合称为"海滨四先生"。

陈烈认为这项举措不顾民生，劳民伤财，就跑到"威武军门"的城楼上，持笔写下"富家一盏灯，太仓一粒粟，贫家一盏灯，父子相聚哭，风流太守知不知？犹恨笙歌无妙曲！"的话语，道出了百姓的心声，福州太守刘谨看到后，羞愧难当，当即收回了成命。

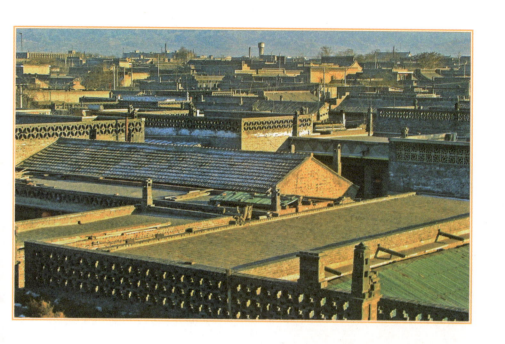

# 平遥南大街

  平遥南大街创建于1856年，又称明清街，是山西平遥古城对称式格局的中轴线，以古市楼贯穿南北。南大街是明清时期平遥古城最繁华的贸易中心，也是平遥古城历史文化遗产的精华所在。

  南大街保留了我国传统的格局和独特的历史风貌，两侧存有大量独具明清风格的"前店后寝"式传统老字号和古民居建筑。南大街在当时控制着清朝百分之五十多的金融机构，被誉为中国的"华尔街"。

# 造就古城制高点的市楼

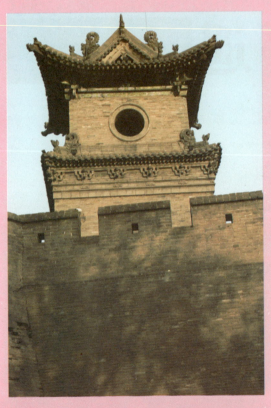

我国上古帝王舜在位时期，古陶地隶属并州。大禹治水后划分在冀州范围之内，之后几度变更。西周时古陶地为并州属地，春秋时期属于晋国，战国时又属于赵国。秦始皇统一我国后，废封国制而实行郡县制，设古陶地为平陶县，属太原郡管辖。

北魏太武帝拓跋焘时期，因避自己名讳，就将平陶县改为平遥县。此后，平遥城作为县治的所在地，经唐、五代、北宋、金、元、明、清历代，一直沿袭从未变更。

在明朝中叶，平遥商业开始繁荣昌盛起来，初步形成了商业街的规模，沿街店铺鳞次栉比，密密麻麻。

店铺多为前店后寝式的四合院或多进院建筑，铺面多采用双坡硬山顶式，青砖青瓦，木结构板门上装饰有油饰彩画，高高悬挂着店铺的老字号牌

匾、宫灯和商幌等，装修豪阔，雕饰精美，布局严谨，尊卑有序。

1688年，康熙皇帝对位于这条商业街中心的市楼进行了整饬，重修之后的市楼高楼耸立，雄踞全城。因市楼东南脚下有水井一眼，世传"井内水色如金"，所以市楼也被称为金井楼。

市楼早先起着管理整个市场的作用，是平遥的中心和制高点。

市楼是一个三重檐木构架楼阁，高18.5米，木构为清式常例。底层面阔进深各3间，占地约133平方米。平面呈方形，南北向为通道，东西筑砖石台基，连接民宅。

东西两侧各有一道券门，平板枋连接，上施斗栱，平座斗栱为五

踩重翘，平身科两攒，角科有附角斗，厢栱做成鸳鸯交首栱。

市楼二层是一个平座筑廊，前后隔扇门装修，内施楼板，设神龛，南面供奉关圣大帝，北面祭祀观音大士，另有奎星为陪祀。两侧墙壁上有大量的彩绘，讲述的是和关羽相关的故事。

市楼屋顶装天花板，上层檐下斗栱七踩，平身科三攒，皆出翘。

楼顶用黄绿彩色琉璃瓦铺盖，花纹南呈"囍"字，北呈"寿"字，背梁两端和正中用铁制构件代替琉璃瓦尾和宝瓶，异常精美。

市楼为市井装点性建筑物，楼下存放有清朝石碑11通，楼上存铁钟一座。

市楼高耸在古城中央，与城东清虚观、大成殿等高大建筑遥相呼应，对应于城中大片平缓的灰色民居屋顶，一同构成了古城起伏变化的优美轮廓。

从东南两侧跨砖拾级而上，中层沿平座走廊环绕成一圈，可以凭栏远眺全城的景色，人流车行和店面屋瓦尽收眼底，让人不觉胸襟开阔，诗兴大发，正如清代诗人赵谦德所说：

> 揽山秀于东南，挹清流于西北，仰视烟云变幻，俯临城中之繁华。

知识点滴

市楼的南面东侧有一口井，传说这是市楼的气眼，每逢雨过天晴，日光投映，水色如金，故称"金井市楼"。

传说，孝义城内有座中央楼，楼底下有个金轿车，一个南方人看到之后就起了歹心，听说想取走金车必先到平遥市楼下拉来金马驹才行。

于是，南方人来到平遥古城买通店主，相约南方人下井，以锣声为信号，锣声一响，店主就拉绳将南方人吊上来。可是南方人刚下井锣就响了，店主使劲往上拉绳子，突然他看到了一双龙头，气势很凶，当即就晕了过去。金马驹吃了贪婪的南方人的故事，一直流传。平遥古城市楼下金井的金马驹没有被盗走，保护着这一方百姓的风水旺盛，所以明清街一直都车水马龙，生意兴隆。

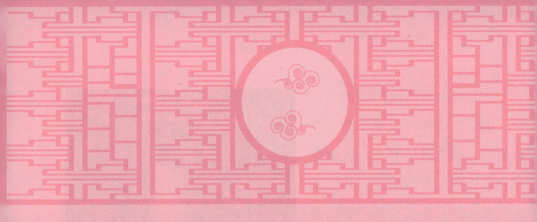

# 店铺范例的协同庆钱庄

　　1856年的咸丰年间，建设了平遥南大街，南大街全长690米，既是平遥县的中心，也是平遥县当时最为繁华的商贸中心。

　　在当时，平遥县已经发展成为了一个由南大街、北大街、东大

街、西大街、城隍庙街等组成的商业集中地，一直都有"四大街、八小街、七十二条蚰蜒巷"的说法，而南大街就是其中的四大街之一。

至清朝商业鼎盛的时期，南大街上的店铺种类几乎包含了各个行业，其中有钱行、当铺、粮行、木器行、货栈旅店、麻布行、颜料行、烟业、鞋帽业等，一时间，南大街风靡朝野内外。

后来，平遥以南大街为中轴线，遵循"左文庙、右武庙，左城隍、右县衙"的格局进行发展建设，所以也可以说南大街是平遥全城的脊梁。

历史上有名的协同庆钱庄、黄酒老字号"长升源"等店铺的旧址现在仍然安静地矗立在街道的两侧。这些店铺的东家是商战中的强手，他们因创立非凡业绩而声名显赫，世代传颂着他们作为晋商杰出代表的颂歌。

位于平遥南大街路西的协同庆钱庄于1856年创立，是由榆次王姓和平遥米姓共同投资开设的大钱庄。最初设资本3万6000两白银，每股

3000两，计12股。中期资本为12万两，后增至24万两，同时有公积金40万余两。

协同庆钱庄占地面积约3000平方米，分号33处，遍布我国各个地区和商埠码头。协同庆钱庄具有鲜明的经营特色，一直都秉持着三个原则：一是以人为本，知人善任；二是注重资金灵活调度；三是突出重点地域经营。

协同庆钱庄是平遥规模最大的钱庄院落，其建筑也是平遥众多店铺院落中的杰出范例，前后共有自成格局但又相互联系的七进院落组成。建筑之宏伟、规模之庞大、功能之齐全，在当时的平遥商铺院落中实属典范。

钱庄的第一进院落，南北各分布着两间账房。账房是钱庄核算管理的重地，主要完成全号财务的核算任务，承担全年的账期以及4年的大账期，最后决算分红。

具体来说，就是钱庄将铜钱、碎银、杂银、整银收入成本，然后兑换各类货币的差价收入，进行存款、放款、存款利息支出、放款利息收入以及钱帖额等的职能。

二进院落是营业厅大院，营业房内人员主要以跑街营业为主。也有客户人员上门洽谈业务，主要是负责吸收街面商号及大户人家的存款，考察放

款对象真实具备的经济业务，为钱庄放款决策提供依据。

营业房内的人员对是否放款、放长期款还是短期款、放款数量多少有重要的评价权力。例如对放款收取何种利息，一般都是由营业房的人员提出的。

旧时钱庄的利息可以分为4种，第一种是满加利；第二种是短期息；第三种是对月利；第四种是长年利。

如果按照营业人员的意见，在客户同意的情况下采取满加利的计息方法，一年分为4个标期，按标公开利率，依春标开夏标、夏标开秋标、秋标开冬标、冬标则开次年的春标的次序，依次循环，定下归款期内的满加利率。

这种利率实际上已经具备了市场化的利率水平，是晋商为了适应市场经济而形成的一种公平利率。

穿过二进院可以直接到达钱庄的第三进院，至第三进院为止，就可目睹平遥当地民居所习惯的"三进两院过道厅"式建筑。

三院作为上房的位置，按我国的传统来说，应该为长辈或主人居

住或者是办公的地方，这里也正是钱庄掌柜、襄理办理事务的场所。

平遥乃至全国的各大商号，从来都没有像协同庆高层人物一样的情况，7位掌柜分为两代人，却始终保持着高度的团结和睦，他们互补互助，后人不少都结为了连理。

协同庆钱庄之所以出现这样的状况，是因为从该号创始起，掌柜们就注重创建和形成钱庄独特的文化氛围，并且一代代传承下来。

其中一位掌柜叫孟鸿仁，原本是蔚泰厚大票号的伙友，另一位掌柜叫陈平远，年长于他，他们在所招聘的伙友中，量才而用，知人善任，使伙友发挥了最大潜能，并最大限度地将伙友凝结了起来。

平遥著名的票号改革家李宏龄曾高度评价协同庆钱庄成功的事例，他说："得人独胜者，唯厥协同庆一业。"协同庆钱庄独特的用人之术，对后世具有重要的指导意义。

从侧门进去，就可以穿到协同庆钱庄第四院落。这里亭台楼阁，过桥驾建，别具风采，如同花园一般，这在商铺院落是绝无仅有的，是协同庆钱庄在外人员回籍时暂时居住的地方。议事大厅古朴典雅，墙上摘要介绍全号的战略和宗旨要则等。

四进院穿过去就是第五进院，是钱庄的金库院落。协同庆钱庄的鼎盛时期，银钱斗进斗出，白银和制钱的流量极大。因此，金库在建立的时候费了一番脑筋。因为要考虑到金库的安全、隐蔽、运输等因素，所以选择地下作为钱庄的金库。

金库通往前柜有弯弯曲曲窑道，通往后街有两处大门，金库还设专人进行看管，铁丝网罩顶，大有"一夫当关，万夫莫开"的意味。

出金库院，就到了六进院护卫院落。钱庄的规模如此之大，安全保卫的工作自然是重中之重。

要是遇上社会动荡、信用危机严重之时，钱庄就不得不雇用一些武艺高强的人来看庄护院了，甚至有时可以一直延续几十年。所以，六进院基本成了护卫们晨暮练习腿脚的重要场地。

穿过六院护卫院，就是达观院落，这是协同庆钱庄的第七个院落，在这个院里有人专门为普及钱币知识而设立展览馆。历代钱币就如同一个历史镜面，不仅能够给人以启迪，而且还能给人以教益。

有一个平遥城隍神的传说：平遥城隍神年轻气盛，可以说是无所不知，无所不能。

一次，平遥城隍神与介休城隍神在一块儿下棋，平遥城隍神戏言说，我若赢你，你那位贤惠夫人就得归我所有。

介休城隍神从心里不服，就一口答应下来。最后，平遥城隍神为胜，这样，戏言一语成真，平遥城隍神没有办法，只好将介休城隍神的夫人带回，并为她营造了一个诗情画意的小环境，金屋藏娇。

在城隍庙赶庙会期间，介休城隍庙还会派人到平遥城隍庙举行一年一度的梳头仪式，这种习俗一直延续，更让人们确信了城隍神的存在。

知识点滴

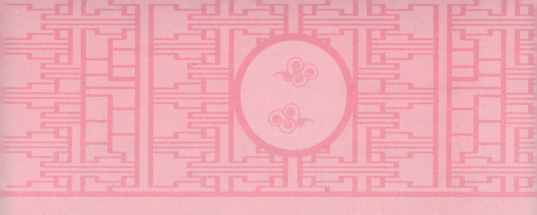

# 大财主家的家具展览馆

在南大街的路西是百川通票号，票号坐西向东，南北侧与铺面相连，是南大街中最高的一个店面。百川通票号于1860年创建。

　　票号的东家是祁县渠家大院的主人渠源祯，渠家由家族第十四代继承人渠同海在包头、内蒙古一代经营粮油、茶叶、私盐而发家，后来发展到绸缎庄、钱庄、茶叶庄，在近一个世纪的经营中积累了丰富的商业资本，被后人称为"晋商八大富豪之一"。

　　票号创立之后，为了纪念渠源祯的功劳，就用他的字"百川"来命名，于是取名为"百川通"票号，其寓意是"百川通大海，财源滚滚来，水到渠成，川流不息"。

　　当时的百川通设分号23处，分号遍及省内外，资本近116万两白银。票号与官员、富商连环结保，汇兑银两也以官银为主，分红利润可观，可谓我国票号业中的后起之秀。

　　然而，就在票号如日中天之时，渠源祯认为物极必反，盛极必衰，预感自己的票号很有可能会走向衰落，于是，在1902年账期分红之后，他断然将票号中所有股银全部抽走了。后来，票号出现了资金周转不灵的严重状况，百川通票号走向衰落。

百川通票号占地面积约有1300平方米，整体布局严谨、对称、封闭。票号的装修十分考究，用料较大，不仅内容丰富，而且具有很高的艺术价值。配置有匾书"百福"和"百寿"，窗棂有写有"桃榴""蝙蝠"和"寿"字的"灯笼景"，具有很明显的晚清风格。

大烟房是票号中专门为招待抽大烟的客户而建立的，里面烟榻的床脚看起来非常特别，就好像是老虎的爪子一样。

在古代，只有四品以上的官员才能够享受这种虎腿家具；另外也可以看出，只有能给票号带来丰厚利润的大客户或者身居要职的官员才可以受到如此高的待遇。

在古典家具的制作中，黄花梨木、紫檀木、红木等都是十分珍贵的木材，这些木种比较奇缺，而且生长缓慢，数量非常有限。

　　至明清后期，紫檀、黄花梨已基本上绝种了，成为了一种具有不可代替的价值的木材。

　　在百川通票号的账房内，靠墙的高脚条几乎都是铁力木所制，铁力木木质坚硬，成材之后树干高大，所制作出的一般都是大件的家具，账桌为黄花梨木所制，为明代做工，不仅看起来简洁大方，而且还可以突出木质本身的纹理之美。

　　在木器古董中有一个行业术语叫"皮壳"，指的是家具外面的包浆，这种浆通常是一层玻璃质，非常柔和，并且颜色具有一种苍老感，而账房内的账桌历经使用，光泽鲜亮，实属罕见。

　　银窖是票号中的藏银重地，虽然陈设质地一般，造型简单，但是其中的每一件都是经过精心设计的。

　　银窖里的银箱是票号中存放流动资金的地方，整个设计主要体现一个"巧"字，别看表面面积并不大，但是在侧面却设有小抽屉，打开银箱的盖之后，就可以看到一个很大的空间。

这种层层设格的方法，不仅体现了银箱的实用性，还突出了它的保险性。

在我国家具史上，不同地区根据自己不同的背景和生活方式，形成了独树一帜的风格，出现了苏式家具、广式家具和京式家具等。

清朝后期，山西商人的富足和深宅大院的修建，促进了晋派家具的出现。晋派家具多以核桃木为原料，虽然没有紫檀木、红木那样名贵，但它是山西特有的木种，具有地方的特色，银窖内的罗汉床就是一个典型。

罗汉床集床与箱为一体，上部为床，下部为床箱，床箱用来藏银，设有暗锁，上面铺上床垫以掩人耳目，可以说是万无一失。里间还有一个地柜，将上面的抽屉抽掉后，下面的木板也可拆开，可以存放很多银两。

　　中厅和贵宾厅是票号中接待客户、洽谈商务事宜的地方。为了体现出自己的身份与地位，财东不惜代价来营造厅堂的气氛，除建筑本身之外，家具就是主要的装饰和摆放手段。

　　厅内的红木穿衣镜和两边的博古架均取材于紫檀木，为京式家具风格，这种家具在文饰题材上多采用博古纹。博古架上有牡丹、荷花和瓶子，寓意着富贵和平，而牡丹、蝴蝶则有捷报富贵之意。

　　在各类家具中，椅子是变化最多的，正中为两把太师椅，为明朝所制，椅背和扶手都比较高，而且椅背根据人体的脊椎骨曲线设计，坐上去会感觉非常舒服。

　　太师椅起源于宋朝，是我国历史上唯一以官衔命名的椅子。宋朝时期的京官为了送给太师椅子坐，就特意在交椅背上加了一个荷叶托着，因此叫作"太师椅"。顾名思义，就是官居太师的人才有资格

坐。清中期之后这种椅子才走进寻常百姓家。

贵宾厅内有张床，叫"天地长春镂花罩，夔龙足架子床"，床脸镂空雕有连枝葡萄，有天地长春之意。牡丹代表富贵，床面下部设有抽屉，可存放衣物，床侧围板上透雕有如意和连枝兰花，有富贵如意和生生不息的意思。

并且这张床集浮雕、透雕、镂空雕、刻线等各种雕刻手法于一体，是家具中的经典之作。

佛堂里面供奉的是观音菩萨。商人讲究出门先拜佛，观音菩萨则是老百姓心中可以广度万民、普救众生的神祇。

据传，佛堂内的这尊菩萨已经供奉了上百年，深得渠家信奉。观音塑像保留着佛教中最初的塑造风格，为男儿身，女儿相，衣着打扮皆为印度风格。所谓"看破世事难睁眼，阅尽人间暗点头"，这既是菩萨修行的真实写照，也是在告诫人们勿做坏事，多多行善。

家眷会客室是票号中为接待前来探亲伙计家眷而用的，室内的家具不比中厅、贵宾厅豪华，陈设也按照寻常百姓家的格局布置，两边有核桃木制成的平面大衣柜是清后期的作品，保留有完整的铜饰件。

会客室内悬挂着12幅条屏，是1870年同治皇帝赐于河南布政使午山方伯及其夫人60岁寿诞的寿屏，内容主要是表彰午山方伯夫妻二人一生的丰功伟绩以及祝寿之意。

票号内悬挂有光绪皇帝特赐的"诰封二代"匾额，因为财东渠源祯的儿子渠本翘曾经官居三品，所以这里使用的是"诰封"。可以说，渠本翘是我国历史上一位集官、商、绅于一体的社会活动家。

渠本翘爱国保矿，积极投资近代商业，并兴办新学校。后来，渠本翘还曾集多方资金从英国强行赎回山西保晋矿务公司的经营开采

权，改组奴福火柴公司，捐银2万两创办了祁县女子中学等。

他所做的这些，都是靠父亲渠源祯为他奠定的经济基础才得以实现，这块匾就是赐给渠家两代人的，以表彰他们父子二人在商业和金融业中作出的杰出贡献。

在各种卧室家具中，闺房中的家具是价值较高的。梳妆台产于清代中后期，采用的是包镶工艺，里层为杂木，外层用黄花梨贴面，这样不仅可以节省很多的珍贵木材，而且还影响不到家具的美观。梳状台上可以看到有白色的花状物雕饰，为象牙制品，象牙除了象征富贵和权力之外，还可以用来辟邪保平安。

闺房外间有两把椅子，椅面比较低，只有靠背，没有扶手，即小姐椅，小姐坐这两把椅子的时候只可以坐到椅面的1／3，不可以坐后半部分，坐上去必须双膝并拢，将手搭在上面，正所谓"站有站姿，坐有坐规"。

在闺房的墙壁上还挂有一幅清代的油彩画《母子平安图》。在我国古代社会中，闺中的女子本身是没有什么地位的，只有出嫁之后生了儿子才可以提高自己地位，所以这幅画也叫《母凭子贵图》。

闺房内的琴案，因木材上的花纹非常像鸡翅膀上羽毛的花纹，所以被人们称为鸡翅木，是一种奇缺的木材。

唐代王维曾说："红豆生南国，春来发几枝"，这红豆就是鸡翅木的果实，所以鸡翅木也叫红豆木、相思木，是我国古代男女之间表达相思的一种信物，所以鸡翅木所制的家具一般都是闺房用品。

在百川通经营之时，渠家与当时的山西巡抚曾国荃、曾国藩以及两广总督张之洞的关系非常密切，官商联结，百川通更是左右逢源。

闺房内的落地富贵穿衣镜就是渠源祯的侄孙与蔚丰厚票号掌柜马中选的女儿结婚时，张之洞送的贺礼，镜子下部由5条行龙盘成"福""禄"两字，人们称为"龙庆福禄"，雕刻工艺非常精湛，是穿衣镜中的极品。

后厅是财东生活起居之所，厅内的神龛旁边放置着一个锥形的官帽盒。一般来说，放置在这里的帽子只有顶戴，没有花翎，是商人发家之后花钱买来的虚官，没有实权也不享受国家俸禄，只起到一个光耀门楣的作用。

厅内墙上挂有一幅乾隆年间的八扇屏，八扇屏的立体感非常鲜明，叫"堆菱花绣"，是用丝绸裹上蚕丝作成棉子，然后用五彩丝线沿边缘挑绣而成的。

八扇屏中间的第六条中第一个和最后一个图案都是瓶子，代表着平安，右边的瓶子旁边是一个如意，代表"文"，左边瓶子旁边是一把宝剑，代表"武"，然后中间绣着琴、棋、书、画，瓶上插牡丹花代表"富贵"，莲花代表"纯洁"，兰花代表"高雅"，瓶下方还绣有八仙，做工面积大，全平遥仅此一幅。

后厅卧室中的床为鸳鸯床，也叫夫妻床，质地属核桃木，床脸上面镂空雕有连枝葫芦，有子孙昌盛、兴旺发达之意。床里边设小条几，条几两头为小抽屉，可存放女子头上的饰物。

墙上悬挂有衣帽钩，叫"十不闲"，也就是说它的功能非常全，没有衣服可挂的时候，挂在墙上也是一个完美的艺术品，不仅美观，而且实用，设计非常巧妙。

书房是文人活动的天地，文化气息非常浓厚。其中，家具在制作工艺上也要求精益求精，典型的书房家具有书桌、画案、博古架和琴桌，书房内的家具古色古香、比例和谐，实用性与艺术性完美结合。

清代家具注重采用雕嵌、绘画等手法，表现含蓄，可以说图必有意，意必吉祥。书房的博古架采用透雕和浮雕两种手法，中间抽屉上浮雕有"龙纹"。

在我国古代，"龙纹"是各种吉祥图案中代表最高的祥瑞，是神武和力量的象征，也是"帝德"和"天威"的标志，只有王爷级别的贵族才可以使用。

中厅内的太师椅制作于明朝，线条简洁，而书房内的两把清代太师椅则雕饰豪华，大面积使用了大理石，并镶嵌有贝壳，在阳光的

照耀下，色彩斑斓，熠熠生辉。红色最为漂亮，财东认为这是红运当头，吉祥之兆。

这套家具保存比较完整，中间还配有一个小茶几，无论从材质年代、工艺品类以及完整各方面来说，都有极高的收藏价值。

书房内还有一把十分特别的椅子，从侧面看，椅子本身能交叉折叠，椅面是鬃条编制的，是官员出门旅行时携带的，一般的椅子都是成双配对，唯有这种椅子是单个的，用来体现自己的独一无二。

百川通票号经营之时日利千金，如日中天，财东叱咤商界几十年，称雄一世，令后人仰慕，而票号内的奢侈家私也足以让人身临其境般地体会到财东睿智的商业头脑和豪华的生活情趣，具有十分可观的鉴赏价值。

**知识点滴**

同治年间，渠源祯投资白银30万两在平遥县南大街开办了"百川通"票号。后来柜上存入了满清旗人一笔3000万两的巨款，只保存银，不要利息。

"百川通"大走财运，3年结账，每股分红1万余两，渠源祯每次分红10万两，连续分红3次，挣回原来的本钱后，源祯便断然将本金全部抽回。

商界人士十分惊讶，有人问他原因，他说："凡事乐极生悲，买卖有挣就有赔。百川通的存银是旗人的，旗人有权有势，时间一长难免要耍无赖。何况发财也要有够，差不多时就要罢手，这样股息皆得。若到亏损衰败下来就悔之已晚！"

果然，没过多久，百川通的生意就江河日下，一年不如一年。源祯的见识，一时在山西商界被人广传。

# 蕴藏丰厚的古城文化

　　明朝崇祯年间，在平遥城内有个叫赵聚贤的举子，家道殷实，广置良田，喜欢和文人墨客在家进行谈诗论道。

　　这年，因为延误了秋种时期，所以赵聚贤不得不在所有的土地上种植糜子，没想到糜子获得了大丰收，将自家的粮仓堆得满满的了。然而糜子太多了，即使将价格压到最低进行出售也卖不出去。

　　赵聚贤可愁坏了，情急之下，他尝试着将糜子加工成黄酒，经过成百上千次的研制和调配，他终于酿造成了独家的黄酒。

　　赵聚贤将酿好的黄酒装瓮下窖，两年之后打开，香醇扑鼻。除了招待

友人和自家饮用之外，还有很多剩余，于是，他听从朋友的建议，开了一家酒铺出售黄酒，并取名为"聚升源"，以求顾客盈门，生意兴隆，财源广进，源远流长。

赵聚贤的黄酒保存时间长，酒味醇正悠长，入口香、甜、绵，深受顾客喜爱，生意也越来越红火。

尽管中途更换了好几个掌柜，大师傅也几度变更，但始终秉承着赵聚贤提出的"严求其质，微求其利"的原则，经营了好多年口碑都甚好。时间一长，竟然有人将"若要富，开久铺"的俗语更变成了"若要富，开酒铺"。

聚升源创办初期，以酿造黄酒和制作糕点为主，后来开始制作炉食，号称"炉食黄酒铺"，闻名于全国。光绪年间，慈禧太后经过平遥，饮用过后大加赞赏，特赐名"长升源"。

长升源黄酒，是以平遥所产的黄色糯米特酿而成，有着糯米酒的别称。长升源的黄酒，香味浓郁醇厚，酒性温和，老少皆宜，既可以用来当作烹饪时的理想作料，也可以起到活血化瘀、养血补血的功效，对老人及产后妇女有着滋补的作用。

长升源店铺前后为二进院，规模不大但是却保存完整。临街铺面7间，明间开门，分为上下两层。正中是窑洞3间带前廊，明式结构。左右厢房各3间，前檐较深，是一处典型的四合院民府铺面，极具明清时期的建筑风格。

平遥南大街经过历代的不断发展，逐渐形成了北起东、西大街街接处，南至大东门，以古市楼贯穿南北的平遥古城最繁华的商业中心，成为了平遥古城历史文化遗产的精华之一。

南大街是正对南门迎薰门方向的南北大街，它与东面的东城墙和西面的沙巷街不但平行，而且距离相等。

古代"寻龙点穴"的"金井"就在这条街上，"金片占楼"横跨街心。南大街成为平遥古城的脊梁，蕴藏有丰厚的古城文化精髓。

经过多年发展建设，南大街两旁高屋连脊，密排着78座古店铺，众商云集，招幌如林。

在兴国寺门前，在北上鸡市口的道路两旁，建筑物井然有序。有久享盛誉的老字号翠成海炉食铺，生意十分兴隆。

历史上平遥南大街在政治、经济、文化等方面有过重要影响，发生过许多重要的历史事件，有代表性的传统产业，能集中反映地方、民族的风貌特色和文化要素，拥有鲜明的历史文化特色。

平遥南大街文物古迹、历史建筑保存丰富，保留有较完整的传统格局和独特的历史风貌，具备一定的规模和经济文化活力。

知识点滴

光绪年间，慈禧太后和光绪皇帝在出行的路上，慈禧太后禁不住舟车劳顿，患了风寒，精神萎靡，腹中胀满，不思饮食。

路过平遥的郭氏"聚升源"时，她食用了店中的黄酒、点心之后，顿感风味清长，全身的不适之感顿时化为乌有。

慈禧太后不禁连连称赞，还顺便询问起酒店的名号来，并且还特赐一个"长"字送给酒家，从此，"聚升源"便改名为"长升源"，名声因此大振。